MARC FAVREAU

Marc Favreau est né à Montréal en 1929, au tout début de la crise mondiale.

Après quelque[...] [...]dérées comme étant [...] dessin commercial, pu[...] [...] décor de théâtre.

Au théâtre just[...] [...] a été applaudi dans de g[...] [...]s presti-gieuses. Le personnage de Sol est né d'une participation con-tinuelle entre 1958 et 1972 à plusieurs séries télévisées pour les jeunes, dont Sol et Gobelet, *deux clowns jamais sevrés d'absurde.*

Nourri de ces métamorphoses et devenu égoexcentrique depuis 1972, Sol a gravi au pas de course les échelons de la célébrité au Québec comme en Europe, avec un spectacle époustouflant qui emprunte au cirque une défroque de clown et à la scène un déchaînement verbal parfaitement maîtrisé.

FAUT D'LA FUITE DANS LES IDÉES !

Imaginez Sol, tout seul, avec son grand manteau rapiécé et une poubelle pour compagnie. Dans *FAUT D'LA FUITE DANS LES IDÉES !*, son cinquième spectacle, le clown naïf, certes, mais pas dupe nous fait partager sa vision du monde, monologuant sur une justice aveugle *qui s'en balance,* les avocats : *pluss ils parlent, pluss ça coûte cher. C'est pour ça qu'on les appelle les avocats de la dépense ;* des banquiers qui serrent nos hypothèques dans un étau, *c'est l'étau d'intérêt.* Avec tous ces maux, Sol en fait une maladie : *à l'hôpital il y a tant de formalités que tu te retrouves toi-même une forme alitée.*

Derrière ses mots recréés, son langage prend des virages grammaticalement étourdissants. Il conjugue en explo-rant les aberrations de notre société : des vicissitudes de la justice aux plans de carrière, en passant par les origines de la vie et l'écologie. Autant de petits tableaux qui flottent entre la fable et le réalisme perplexe.

FAUT D'LA FUITE DANS LES IDÉES ! c'est une manière désopilante d'échapper à la médiocrité terrestre : *«Cou-rage, fuyons !»*

Données de catalogage avant publication (Canada)

Favreau, Marc, 1946-

Faut d'la fuite dans les idées!

(Québec 10/10)
Éd. originale: c1993,

ISBN 2-7604-0712-8

I. Titre. II. Titre: Faut d'la fuite dans les idées!. III.Collection.

PS8561.A93F38 2000	C848'.5402	C99-941874-2
PS9561.A93F38 2000		
PQ3919.2.F38F38 2000		

Les Éditions internationales Alain Stanké remercient
Conseil des Arts, le ministre du Patrimoine canadien et
Société de développement des entreprises culturelles pour l
soutien financier.

Nous reconnaissons l'aide financière du gouvernement du Canada par l'entre
se du Programme d'Aide au Développement de l'Industrie de l'Édition (PAD
pour nos activités d'édition.

ISBN 2-7604-0712-8

Dépôt légal: Bibliothèque nationale du Québec, 2000.

Les Éditions internationales Alain Stanké
615, boulevard René-Lévesque Ouest, bureau 1100
Montréal (Québec) H3B 1P5
Téléphone: (514) 396-5151
Télécopieur: (514) 396-0440
editions@stanke.com
www.stanke.com

IMPRIMÉ AU QUÉBEC (Canada)

Faut
d'la fuite
dans
les idées!

Marc Favreau

Sol

Faut d'la fuite
dans les idées!

Illustrations de Marie-Claude Favreau

 monologues

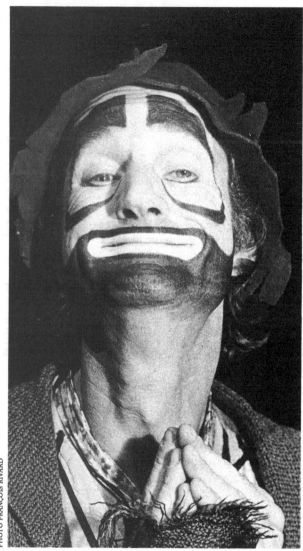

Chère fille Marie-Claude,

Encore adolescente, tu as dessiné
cette rieuse petite mômelette,
que tu t'amusais à croquer à toutes les sauces.
Nous avons bien cru que tu en ferais l'héroïne
d'une bande dessinée...
Foin ! Tu as bifurqué vers d'autres œuvres...
Ce que voyant, tout désireux de préserver
l'héritage de la tribu,
nous avons donc accaparé ta création.
Nous sentions que cette petite bonne femme avait
l'espièglerie, la naïveté, la faculté d'émerveillement,
enfin tout pour devenir la petite sœur de Sol.
Et toi tu as fléchi, consenti, et finalement grâce à toi
elle a fait mieux : elle est devenue sa petite conscience !
Et depuis, ayant subodoré que sous une cloche
il y a toujours un battant qui sommeille,
c'est elle qui susurre à son oreille à tentatives,
lui agite ses sornettes, lui roule ses billevesées
et nourrit sa moulinette...
Car elle en sait, elle en sent des choses...
Elle sait tout. Et le reste elle le devine !

À toi chère fille, un grand merci très paternatif,

Marc

Dans un vieux texte de *SOL ET GOBELET*, j'ai trouvé ceci :

GOBELET :   «Tu ne connais pas ta force, espèce
             de galoche !»

             Sol se penche comme pour lui serrer la main.

SOL :   «Bonjour ma force. Ouille, elle est
             minuxcule !»

GOBELET :   «Attention ! Ne l'écoutez pas. Il se
             trompe. C'est vrai vous êtes mieux
             habillés que lui, vos discours sont
             plus cohérents, vous êtes rasés de
             près, vos chaussures ne sont pas
             trouées mais vous tournez en rond,
             retenus par les conventions comme
             un chèvre à son piquet. Lui,
             pendant ce temps il s'évade, il
             s'insinue entre les modes, les
             conformismes, les postures, il
             franchit les ornières, il passe. Il ne
             connaît pas sa force mais vous non
             plus. Vous ne faites pas attention à
             lui, il a l'air inoffensif, mais ses
             reparties font mouche et si vous
             vous sentez piqués par l'une d'elles,
             n'essayez pas de vous venger. Le
             punir ? Comment ? En lui enlevant
             quelque chose ? Il n'a rien !»

             Luc Durand

Le dispendieu

Je me souviens... non, je me souviens pas bien...
attends... non, j'étais trop petit...
non, j'étais même pas là du tout... pas encore...
Ouille c'est loin tout ça !...
Ça a mal commencé, ça c'est sûr...
ça a commencé avec LUI... comment il s'appelait déjà ?
Bon, en tout cas, un jour qu'il s'ennouillait,
là-haut tout seul dans son logiciel
- peut-être il a voulu se payer une récréation -
il a mis le doigt sur un drôle de bouton rouge
et ça a fait **SPLOTCH**... **BANG !**
et pas un petit bang de rien du tout, non,
   un gigantexe,
un très énorme **BIG BANG !**
On a jamais pu savoir s'il avait fait essprès,
mais ce qu'on sait, c'est que ce jour-là,
il a mis le monde au monde...
Y en a qui disent que juste avant il aurait crié :
«Que le monde soit !»
Ça doit être vrai passque à partir de là, le monde fut.
Le monde fut, et il est encore...
seulement faut voir dans quel état il est !...

Faut dire qu'il a tout fait tout seul.
Nous on était pas là,
on avait pas encore notre mot à dire...

Ah, de nos jours ça se serait pas passé comme ça.
On aurait été là pour lui dire **STOP** !
ÇA SUFFIT !
ON SE CALME !
Ah non, on l'aurait pas laissé faire...
on aurait réveillé les Inanitions Unies :

Faites quelque chose ! Faut l'arrêter !
Faut le bloquer dans son blocus !
ENVOYEZ LES INEFFICASQUES BLEUS !

Non, mais c'est vrai, c'est lui qui a tout commencé,
et d'une manière drôlement violette...
Il était pressé : Allez, et que ça saute... **BANG** !
Et maintenant il voudrait qu'on soye calme et gentil,
qu'on soye toujours d'accord...
qu'on milice en faveur de la paix...
On est pas des broutons, quand même !
Mais lui il s'en fichait, il voulait tout faire,
tout seul, et à toute vitesse...
c'est bien simple, il a tout fait en **UNE SEMAINE** !
Pas étonnant que ça ait donné n'importe quoi...

D'abord, il s'est jeté sur notre boule
très complètement obsessionné :

12

Prêt, pas prêt, je fonce ! On verra bien...
Faut rendre au hasard ce qui appartient au hasard !
Au début du commencement, fallait la nommer,
notre boule... Alors là, on peut pas dire qu'il s'est
fatigué la machination. Pour les autres il avait trouvé
des noms jolis, pour faire plaisir aux poètes :
la Lune... Vénus... ça fait rêver...
Avec nous, penses-tu, il était tant tellement pressé
qu'il a pris un petit morceau de notre boule,
il l'a tiré en l'air à pile ou face,
et quand c'est retombé en miettes, il a dit :
Mais c'est de la terre !
Et le nom est resté. C'est bête...
on peut pas imaginationner un nom pluss terre à terre !

Et puis ensuite il a eu une idée sotte et grenue...
il a mis de l'eau partout !
Alors là, il a vraiment mis le paquet avec la mer.
Bon, c'est joli de l'eau, et c'est commode...
Seulement là, on se demande pourquoi l'avoir appelée
la Terre si c'était pour la couvrir d'eau !
(Avec lui, des fois y a vraiment rien à comprendre.)
Bien sûr, de la terre il en a laissé un peu.
Il l'a même divisée en cinq condiments...
mais il s'est pas donné la peine d'organouiller ça
tout en ordre, non, il a laissé les condiments
    à la dérive... à flotter sur la soupe !
Ah oui, de la vraie soupe... passque non seulement il
    en a mis trop, mais en pluss il l'a **SALÉE**, son eau !
et il y est pas allé avec le dos de la salière...

Non, là il s'est montré vraiment imbuvable !

T'as déjà essayé de faire de la peinture à l'eau salée ?
t'as vu ce que ça donne, quand ça sèche ? Des croûtes !

Et avec le sable, tu penses qu'il a été plus fin ?
Il s'est mis à frotter ensemble des rochers gigantexes
et des très énormes cailloux et ça a donné des
    quantités esstradinaires de sable...
Mais comme il était pressé, qu'est-ce qu'il a fait ?
il a basculé tout ça dans le désert, là où y a personne !
Il a dû penser : «Bof, ils auront qu'à venir se servir.»
Tu parles que c'est aimable...
Heureusement, en chemin il en a laissé échapper
un peu au bord de l'eau, comme ça au moins, ça nous
    fait des plages par-ci par-là... entre les cailloux...

Non, il voulait aller trop vite.
Il avait pas de plan, rien que des desseins insondables !

Avec la calotte, tiens, il a pas été mieux,
il a pas osé la fondre, la calotte...
il a laissé la calotte glaciaire...
et ça a donné le pluss grand frigiditateur du monde !
Sauf que ça sert à personne,
y a rien qui pousse dans ce coin-là !

Et les montagnes ! alors là, ça a été pire, il a fait ça
n'importe comment... une montagne, puis une autre...
puis encore une... à toute vitesse...
les montagnes ils les a faites à la chaîne !
Et en plus, il s'est même pas donné la peine
d'éteindre les volcans... ça fume encore...
et on a encore trouvé personne pour les arrêter
ça fume, ça fume...
Tu parles d'un exemple pour les jeunes !

Mais lui il s'en fichait, penses-tu, il était pressé :
Hop ! plus vite ! faut passer à autre chose...
Ah, tiens, une idée : si je faisais des forêts...
Tu parles ! Là encore il a fait n'importe quoi.
Les forêts, il les a faites à la va-comme-je-te-pousse !
Il a mis tous les arbres ensemble serrés serrés...
et à côté, dans les champs, rien...
Que du foin ! avec une fleur de temps en temps...
Tu penses que c'est commode pour une vache,
de dormir à l'ombre d'un croquelicot ?
Non, il a pas été raisonnable.

Et le pluss bizarre, c'est qu'il a quand même trouvé
le temps de nous faire toutes sortes de bestioles
pour nous embêter... Il nous a inventé des loustics,
des seringouins, des serpitons, des sangsures...
on se demande vraiment quelle mouche l'a piqué...
il nous a même fait des puces ! Ah ça, avec les puces,
on peut dire qu'il nous a mis dans de beaux draps...
Et puis fin finalement, un beau matin qu'il savait plus
quoi inventer, il a fait l'homme...
Ouille ! alors là, il devait être drôlement fatigué
passque ce que ça a donné c'était pas terriblifique...
Avec l'homme il a fait de l'à-peu-près...
il a fait l'homme à la diable...

D'abord il a tâtonné avec les couleurs
sans jamais trouver la bonne...
Heureusement pour nous, il manquait de temps,
il les a pas toutes essayées les couleurs,
il s'est arrêté avant le mauve, le bleu, le vert,
sinon de quoi on aurait l'air ?

Et nos oreilles, tiens, parlons-en de nos oreilles !
Il aurait pu nous faire quelque chose de joli
deux belles grandes roses pointues
qui grimpignent par derrière... Penses-tu !
Il nous a fait deux petites choses minuxcules.
Et t'as vu où il nous a placé ça ? de chaque côté !
pas étonnant qu'on soye tout énervouillé,
depuis le temps qu'on essaye de dormir sur
nos deux oreilles !...

En tout cas, quand il s'est arrêté, il a regardé tout ça,
drôlement fier de lui... et puis il a voulu savoir
si ça nous plaisait, alors il a fait un sondage,
il nous a posé la question :
«Aimez-vous ? les uns ? et les autres ?...»
Mais encore là, il a même pas attendu la réponse,
tu parles, c'était son jour de congé !

Plus tard, il s'est mis dans la tête de nous faire des
lois, toutes sortes de lois... Attends, euh...
non, ça me revient pas. Et ça c'est encore de sa faute,
au lieu de nous les dire ses lois tout simplement :
Fais ci, fais ça... fais pas ci, fais pas ça...
il a mis ses lois sur des tablettes... Une loi sur une
tablette qu'est-ce que ça donne ? tu l'oublies...
Ah tiens, y en a une qui me revient... ça disait :
Tu... tu... tu aimeras ton prochain !
oui, c'est ça...
Sauf que c'est pas clair. C'est qui le prochain ?
C'est le suivant ? et le suivant du suivant...
c'est encore le prochain ? Ça s'arrête où ?
Tu vas me dire : le prochain il est tout proche,
c'est celui qui va arriver d'une minute à l'autre...
Bon, moi je veux bien. Mais l'autre alors ?
Celui qui est tant tellement loin qu'on le connaîtra
   jamais... si c'est pas le prochain, c'est le lointain ?
Mais c'est pas écrit qu'il faut aimer le lointain !
   C'est peut-être pour ça qu'on s'en fiche...
c'est loin le lointain... ça nous regarde pas...

Et remarque bien, il a écrit : Tu aime**RAS** ton
   prochain. mais il a pas dit **QUAND** ! Demain ?
   Dans un mois ?
Ça veut dire quoi ? Que ça presse pas ?
Que c'est pas pour tout de suite ?
Que ça peut attendre ?...

On peut pas savoir, on est sûr de rien...
Tout ça, passqu'il a pas fini ce qu'il a commencé.
Il a tout fait tout seul, bon, c'est entendu...
Mais c'est pas une excuse ! Fallait faire attention...
   et surtout finir sa première phrase :
«Que le monde soit !»
c'est pas fini, ça suffit pas,
il a pas dit **COMMENT** il voulait qu'il soit...
Il aurait dit : «Que le monde soit gentil !»
ou «Que le monde soit vilain !» là, on aurait compris.
Mais : «Que le monde soit !» ça veut rien dire...
c'est pas clair... Et quand c'est pas clair,
c'est toujours pareil, personne est d'accord.
Alors forcément y en a qui se sont pâmés :
«Ah, mais c'est divin !»
et puis l'autre moitié qui a crié :
«Oh, mais c'est odieux !»
C'est pour ça que depuis ce moment-là
on vit sur une discorde raide.
Et ça coûte cher la discorde raide...
ça, il nous l'a fait payer sa petite récréation...
Ah ! ça y est, je me souviens !
je savais bien que son nom me reviendrait :

c'était le **DISPENDIEU** !

La justice sans balance

La justice, personne y croit,
tout le monde le dit: la justice c'est pas pour nous...
la justice se fiche de nous...
elle veut rien savoir...
la justice s'en balance !...

Eh bien c'est pas vrai !
Elle veut tout savoir, la justice... mais elle peut pas,
   la pôvre !
elle a un bandeau sur les yeux, alors elle voit rien...
C'est pour ça qu'il faut l'aider, faut tout lui dire.
Et y en a à dire...
on en voit des choses... tous les jours...
dans toutes sortes de villes bidon,
on peut voir des atroces cités...
on voit des évasifs qui s'évasionnent...
des faux fuyants toujours repris de justesse...
des grands bricoleurs qui ont toujours la main basse,
des avaleurs de grands chemins
qui se défilent en escamoteurs...
des défenseurs de coffres qui vident les filouteries...
Ah oui, on voit des brigades stupéfiantes de brigands !
On voit même des notables grignotaires de fortune...
des avocats farcis aux marrons...
des ponctionnaires qui soignent leurs fausses
   fractures !
On voit pire... on voit les pires abomicides...
on voit des dérèglements de comptes impayables...

des finanthropes qui se font assaisonner
  en pleine rue...
des dames passionnelles qui se font sauter la crécelle...
on voit des louches, des bandes de louches
qui détiennent des potages...
et qui deviennent des extortionnaires
qui travaillent à la rançonneuse...

Ah oui, on en voit tant tellement
qu'on peut pas tout dire...
C'est peut-être pour ça qu'on n'en parle pas.
On sait, mais on fait comme si on savait rien...
— T'as vu quelque chose ?
— Non non, moi j'ai rien vu...
  je suis même pas sûr que j'étais là...
Alors on dit rien... surtout pas à la police...

devant la police, motard et bouche cousue !

Moi je dis c'est pas bien, passque quand on y pense,
la justice c'est l'affaire de tout le monde
la justice ça consterne tout le monde !
C'est pour ça qu'il faut tout raconter.
Et pluss c'est bizarre, pluss faut le raconter...

Suppositionne que tu marches par un beau soir d'été,
et tu vois deux affreux en train de vider une caisse...
vite, tu sautes dans une babine téléphonique :

— Allô la police ? faut venir tout de suite.
je viens d'être l'assistant d'un vol !
Oui, un vol drôlement bien plané, ils étaient
deux... ils sont entrés dans la caisse...
non ils avaient pas de pinces... ni monseigneur...
non, c'était pas un vol avec infraction...
ils sont entrés dans la caisse en criant :
Les mains en l'air ceux qui sont d'accord,
c'est un vol à main levée !
Tout le monde était d'accord, tu parles !
surtout qu'ils avaient un revolver...
ou noir, je sais plus... Comment ?...
Ah non je pourrais pas les reconnaître,
je voyais bien leurs noirs desseins sur les bras
mais ils avaient des magouilles sur la tête...
... À quelle heure c'était ?
à l'heure de pointe, bien sûr...
Ah non... non, ils ont descendu personne...
personne voulait se faire descendre,
la cave est même pas chauffée...
... Ah ! parlant de chauffage,
ils avaient un chauffeur qui les attendait
dehors, ça devait être des gens bien...
oui... dans une camionette...
Comment ? la plaque de ventriculation ?
Ah oui, la plaque misérable et logique...
oui y en avait une... ah non j'ai pas eu
le temps de défricher le numéro...
Oui un grand numéro, comme à la loto... sauf
que je peux pas dire si c'était dans l'ordre...
Bon, en tout cas, on clapote on clapote,
mais pendant ce temps-là, les affreux ils courent
c'est eux qui ont le numéro gagnant !
Non, moi je peux rien faire, je suis seulement
un assistant... faudrait peut-être penser
à vous grouiller... Non non, moi je bouge pas
c'est promis... et je compte sur vous !

Et tu commences à compter 1...2...3... pourvu qu'ils
    soyent pas trop longs... 8...9...10... et t'es
    pas aussitôt arrivé à 22... Paf ! ils sont là !
Avec les géants d'armes ça traîne pas. Tu vois quatre
géants d'armes qui sortent de l'auto-vadrouille,
c'est la force constipatibulaire !
Toi t'en reviens pas :

— Vous êtes pas déjà là ? Je peux pas le croire !

Et eux, pour que tu y croies, ils t'amènent à l'auto,
ils te font même toucher le crapot
avec les deux mains en avant comme ça...
Puis ils deviennent très affectionneux,
ils te font des palpouilles partout sous les bras,
les jambes... pour voir si t'es en bonne santé...
ils sont là autour de toi, l'air très curieux,
ils veulent tout savoir, ils veulent que tu te livres...

— Alors ? c'est vous qui nous avez appelés ?

— Oui, je m'esscuse, je sais que vous êtes souvent
    dérangés...

— Vous dites que vous avez assisté ?...

— Oui j'ai tout vu, ça s'est passé là...

— Parfait parfait, suivez-nous !

— Moi ? Vous voulez que je vous suive ?
  Bon, je veux bien vous suivre, mais je vais vous
  demander une chose : roulez pas trop vite,
  passque moi je suis à pied...

Toi tu penses qu'il vont te laisser suivre
en courant derrière eux ? Pas du tout !
Ils sont aimables,
ils te prennent par la menotte,
ils te font passer devant,
ils te font asseoir dans l'auto...
ah, t'es rudement bien traité !
Et tu te retrouves assis entre deux géants d'armes...
tu te sens bien protectionné...
et tu roules et tu roules...
Et quand t'arrives au poste, c'est encore mieux,
ils se mettent à trois pour te cueillir,
trois grandes armoires avec des épaules comme ça,
et deux grands bras raccourcis...
et à bout de bras, deux gros poings d'interrogatoire !

Ah, ils sont aimables ! Ils te laissent pas tout seul
à rien faire au milieu de la place, non, ils ont tout
    préparé pour que tu te sentes vraiment chez toi...
c'est bien simple, t'as plus qu'à te mettre à table !
Et ils te laissent pas dans le noir, non,
ils t'éclairent jusque dans le blanc des yeux.
(C'est normal, ils sont là pour faire la lumière...)

Et à partir de là, ils te lâchent plus.
T'as vraiment pas le temps de t'ennouiller,
ils jouent avec toi... ils ont un jeu esstradinaire...
une sorte de jeu-questionnaire...
C'est un jeu facile...
Toi t'es assis tranquille à la table de babillard,
et tout ce que t'as à faire c'est répondre aux questions.
C'est pas fatigant. Pour eux c'est fatigant !
ils ont pas le temps de s'asseoir, ils arrêtent pas,
ils vont, ils viennent, ils tournent autour de toi...
Ah oui, pour eux c'est dur... faut qu'ils serchent,
qu'ils trouvent les questions qu'ils vont te poser...
Et puis ils sont drôles... ils ont beau être trois,
ils **OUBLIENT** les questions qu'ils t'ont posées !
Alors ils te les reposent, encore et encore...
ah, non ils ont vraiment pas de mémoire !
C'est pour ça d'ailleurs que derrière y a toujours
un griffon qui écrit tout à mesure...

Et puis c'est un jeu avec des questions faciles.
Ça commence par ton nom, ça c'est facile...
ensuite ils veulent savoir ton adresse :

— Mon adresse ? Mais j'en ai pas d'adresse,
  j'en ai jamais eu, j'ai jamais su rien faire !

— Comment comment ? Pas d'adresse ?
  Pas de domicile ?

— Mais non, j'en ai jamais eu, c'est comme ça,
  j'y peux rien...

— Ah il n'y peut rien ?
  Parfait : domicile involontaire !

Et le griffon tout content griffonne :
DOMICILE INVOLONTAIRE
et toi t'es sûr d'avoir fait une bonne réponse !
Et ça continue... t'es interloqué pendant des heures...
Et toujours des questions faciles : où t'étais ?
quel jour ? quelle heure ? avec qui ?
si t'as passé la nuit couché dans ton alibi ?
si t'étais tout seul ou avec une belle protubéreuse ?...

Puis de temps en temps leur chef vient voir
si le jeu avance. Mais il se mêle pas du jeu,
il pose pas de question, il te regarde, il t'écoute,
il trouve que t'as de l'estomac,
il parle même de te cuisiner quelque chose...

Et pendant que le chef est là, le jeu s'arrête pas,
ils tournent autour de toi avec leurs questions,
et ils fument tous les trois... ils fument !
Des fois même ils oublient que toi tu fumes pas,
et **SHLACK** !
ils te passent le tabac !
Et leur chef est toujours d'accord avec le tabac...
c'est sûrement un commissaire priseur !
Ah oui, ils fument...
ils sont obsessionnés par le mégot :

— Et alors, si on parlait du mégot ?
   Quand tu les as vus sortir de la caisse,
   y en avait bien un qui tenait le mégot ?

— Oui, je me souviens, en partant il l'a jeté
   par-dessus l'épaule, alors moi, vite j'ai couru
   et j'ai pris le mégot...

— Et tu l'as caché !

— Non, je l'ai pas caché, je l'ai enterré...

— Ah, tu l'as enterré ?

— Oui, ça fait plus propre...

— Ouais ouais... Et tu l'as enterré où ?

— Ouille, je sais plus, moi...
   j'ai pas remarqué...
   un mégot, tu parles !
   tout le monde s'en fiche...

— Nous, on s'en fiche pas...
   on veut savoir !
   Tu l'as enterré où ? dans un bois ?
   dans un champ ? au pied d'un arbre ?

— Ah... vous brûlez... vous brûlez...

Et là-dessus **PAF** ! ils te repassent le tabac...

— Fin finalement tu vas nous dire pourquoi
   tu nous a appelés ?
   Tu savais plus ce que tu faisais ?
   T'avais trop bu ?

— Ah non non ! Avec moi c'est toujours
   la sobre ébriété...

— Bon, d'accord, t'avais pas bu...
   Alors peut-être que tu voulais broyer les pistes ?

— Mais non, j'ai appelé passque j'entendais une voix
   à l'intérieur qui me disait : «Faut les appeler,
   c'est ton devoir, il faut que tu l'accomplisses !»

— Ah ! **COMPLICE** !
   Parfait, parfait... enfin le chat sort du sac !
   Tiens, prends ça. C'est ta déploration.

— Qu'est-ce que je fais avec ça ?

— Tu écris : «Je persifle et je signe...» là !

— Bon... Voilà. Et ensuite ? c'est tout ?
  Le jeu est pas déjà fini ?

— Non non, t'énervouille pas, c'est pas fini,
  tu vas être traduit devant le tribunal.

— Moi ? je vas être ?...
  Ouille ! déjà me faire entendre, me faire écouter
  c'était pas mal... mais me faire **TRADUIRE**...
  alors là, c'est esstradinaire !

Mais c'est quand t'arrives au tribunal
que tu t'aperçois que la traduction c'est pas simple.
T'es drôlement impressouillé passque t'es pas
    tout seul,
y a déjà plein plein de monde !
C'est un tribunal de grande insistance...
Toi tu t'amènes devant tout ce monde, puis le juge
te fait venir... oui, passque juste à côté de lui
y a une barre, et personne s'en occupe...
alors toi, comme tu viens d'arriver, t'es choisi pour
    tenir la barre... c'est tout un honneur !
Et il te fait pas asseoir comme n'importe qui, non,
tu restes debout pour que tout le monde t'entende,
tu tiens la barre, et t'es même pas obligé de sauter,
tu tiens la barre....
Puis le juge te fait dire ton nom, et tes qualités...
il est gentil, il parle jamais de tes défauts...
Et alors le jeu commence.
C'est un jeu qui se joue surtout à deux :
d'un côté y a le pro coureur...
(on l'appelle le pro coureur passqu'il court,
c'est lui qui fait la poursuite)

Puis en face, y a l'autre : celui qui parle pour toi.
Celui-là, pluss il parle, pluss ça te coûte cher...
C'est pour ça qu'on l'appelle l'avocat de la dépense !
Mais toi tu t'en fais pas, tu t'en fiches
t'es déjà prévenu...

Quand le jeu commence, toi, entre ces deux-là,
tu te sens un peu comme une balle...
Sauf qu'ils te frappent jamais.
Ah non, ils oseraient pas te frapper,
passque le juge est là qui suit le jeu.
Du haut de sa magique stature, il en rate pas une...
Et quand il parle, ça compte,
il s'expressionne avec un irrévocabulaire
et une juridiction parfaite...
tout ce qu'il dit c'est inconstatable...
c'est le chef inconstaté !
Quand la foule se met à rigoler faut l'entendre :
— Silence ! Silence, ou je suspends
    l'odieuse !
C'est pas long ça se calme...
Et puis il est drôle, le juge, il dit toujours :
— Poursuivez ! poursuivez !
Il a beau être juge, il doit être un peu parti...
avec ses : «Poursuivez ! poursuivez !»
on sent qu'il a un faible assez fort pour la poursuite.
D'ailleurs c'est toujours la poursuite qui commence...
c'est toujours le pro coureur qui a le premier mot :

— Où étiez-vous ce fameux fatal funeste soir ?

— J'étais sorti pour attraper l'air...

— Et vous vous êtes retrouvé entre chien et loup ?

— Ah non, j'étais tout seul, je marchais parmi le
    village... et tout à coup je passe devant une
    belle maison toute neuve, pleine de gens
    qui rigolaient, qui s'amusaient...
    «Alors, que je leur crie, on fait la fête ?»
    «Mais oui, venez, on est en train
    de pendre la crémière !»

Ouille ! moi je voulais pas la voir pendue !
surtout pas une pôvre crémière !
Je voulais pas devenir l'accusé de réception !
Alors j'ai couru pour me sauver, j'ai couru...
et tout à coup, en courant j'ai piqué une tête...

— Ah ah... vous dites que vous avez piqué une tête ?
    Et où l'avez-vous piquée cette tête ?

— Dans le fossé, j'ai piqué une tête dans le fossé !

Et tout de suite, ton avocat :

— Mais vous ne vouliez pas la piquer cette tête ?
    Ce n'était pas prémédité ?...

— Mais non, pas dans un prémédité, dans le fossé !

— Mais vous avez voulu résister ?

— Oui mais ç'a été plus fort que moi...

Et la poursuite :

— Donc vous avouez avoir piqué une tête...
    et qu'avez-vous fait du cou ?

— Ben... du coup je suis remonté ! J'étais content,
    j'avais encore la tête sur les épaules...

— Ah ah ! il portait la tête sur l'épaule...
   en triomphe, comme un atrophié !
   Et le reste ? qu'avez-vous fait du reste ?
   les bras ? les jambes ?...

— Ouille ! les jambes je les ai prises à mon cou
   pour me sauver...

— Ah ! pour se sauver ! Donc, il se croyait
   perdu !... Et qu'avez-vous fait du reste ?
   les mains ? les doigts ? qu'avez-vous fait
   des doigts de l'homme ?

Et tout de suite, ton avocat :

— Ne répondez pas ! ne mettez pas les doigts
   dans le lent grenage follitique...

— Ah ! je vois que la dépense a peur d'une
   question de doigts !
   Serait-ce pour cacher des étreintes digitales ?
   Je suppositionne que vous portiez des gants ?

— Non, pas de gants...

— Bien sûr, pas de gants.
   Et nous savons pourquoi : si l'incriminable
   ne portait pas de gants... c'est qu'il voulait
   garder son sang-froid !

— Je m'abjecte ! Je m'abjecte !
   C'est un tissu d'hypoténuses !
   Nous ne laisserons pas salir notre réfutation !
   Monsieur le pro coureur peut toujours courir,
   il n'a pas la moindre pieuvre !...

— Pardon, j'ai un indice, et même un indiscutable !
Le prévenu (qui ne l'était pas encore) courait...
il courait !
Or, quand on n'a rien à se rapprocher,
on ne s'éloigne pas !

— Il courait ? Soit ! Il courait. Monsieur
le juge, je vous demande
d'en juger vous-même :
s'il courait c'est déjà pour lui
une circonstance exténuante !

— Ah non... pluss je courais, pluss je me sentais
léger...

— Forcément, vous aviez perdu la tête !

— Oui, c'est la vrairité, j'avais eu peur
pour rien...

— Voilà, Monsieur le pro coureur, il avait perdu
la tête... Plus de tête, plus de pieuvre !
Votre indiscutable ne l'est plus du tout !

Et le juge :

— Poursuivez, poursuivez ! En voilà assez...
assez, assez de ce procès verbeux !
Qu'on en finisse... Monsieur le pro coureur,
je veux entendre votre inquisitoire !

— Messieurs, mesdames assises dans le jury,
vous avez devant vous une breloque humaine...
avec un passé indéfini, un présent vindicatif,
et un futur drôlement conditionnel !
Déjà taxé de domicile involontaire, il ose
assister deux affreux qui opèrent à forfaits...

Il pousse même l'incandécence jusqu'à enterrer
leur mégot ! Et non content d'accuser le coup,
il s'empare de la tête et il court, il court...
Gagnera-t-il ? Non ! il court à sa perte...
car il oublié une chose très énormément
importante : à la course, mieux vaut avoir
une tête d'avance... que d'en perdre une seconde !
Je n'en dirai pas pluss.
J'ajouterai simplement que nous avons affaire
à un abdominal ! un horriblifique !
un tel irrémédiabolique ne mérite qu'une chose :
qu'on l'enferme dans une pièce à conviction !
et ce, jusqu'à promiscuité !
Et je finirai mon inquisitoire en inscrivant
bien haut et en pleines capitales,
la devise qui m'est la plus chère :
QUAND LE CHÂTIMENT VA, TOUT VA !...

Et là-dessus ton avocat bondit sur son dernier ressort :

— Messieurs, mesdames assises dans le jury,
vous avez devant vous une ruine !
Tout jeune déjà, il sait qu'il est oblitéré...
qu'il souffre d'une humidité maladive...
C'est malgré lui qu'il a grandi dans la complice
cité... Comme tant d'autres il a rêvé d'avoir
le haut parleur et le bavard, mais... tout ce
qu'il a connu, c'est un milieu défavorisé !
Vous avez devant vous un enfant trop blême...
qui n'a jamais jamais connu le jeu de l'oie !
Et vous allez l'enfermer ? Lui ?
qui serait incapable d'écraser même une larme ?
Lui, à qui une mouche n'a jamais fait de mal ?
L'enfermer, ce serait le condamner à perpétrer !
Voilà pourquoi j'en appelle à vous tous,
que vous soyez faillibles et impayables...
ou que ce soit l'inverse...

j'en appelle à votre clémensuétude...
et je vous demande simplement de laisser radoter
en vous cette vieille arrière-pensée :

«La justice a beau suivre son cours...
elle n'est pas plus instruite !»

Là-dessus les assises se lèvent :

— Après avoir délibéré...

et ça réveille le juge :

— Hein ? Quoi ? Libéré ?... Parfait !
Je prononce la substance : vous êtes acquitté !

— Ouille, je veux pas être à quitter...
Je commençais à être bien, tout le monde
m'écoutait, enfin j'étais devenu quelconque...
Si je suis à quitter, c'est fini...
je vais me retrouver tout seul
je veux pas qu'on me quitte !

Mais le jeu est fini, tout le monde s'en va,
et tu te retrouves tout seul avec ton avocat :

— Ah, mon ami, je suis content de vous
comme je suis fier de moi... vous êtes libre, soyez
heureux, et dites-vous bien qu'après tout :
un non-lieu est quand même plus agréable
à vivre qu'un domicile involontaire !

À Michu
ma bicha

Fleur de fenouil

Quand tu t'abeilles pour être belle
quand tu te piques d'être la rose
la rose au bois sans épinette...
amanthe poivrée
parfait parfum
fine farine
fleur de fenouil
quand tu arrives, c'est le bouquet !
Reste pour moi
celle de la mer, celle de la terre,
ne change pas
tu deviendrais pareille à celle...

celle qui grignote des illusions
et pour qui les marottes sont cuites,

celle qui s'endiète pour maigrir
et qui s'aigrit et qui s'aigrit,

celle qui fricote à reculons
et qui se nouille dans le beurre mou,

celle qui s'attache à la casserole
et qui tempête dans un verre d'eau,

celle qui déteste la vaisselle
et qui s'en fait une montagne,

celle qui retourne les hommelettes
et se retrouve sur la tablette,

celle qui fait la grasse matinée
dans le ravioli conjugal,

celle qui comtesse et qui blasonne,
baronne blasée qui fait la moue,
toujours la moue, encore la moue,
toujours à la troisième personne,

celle qui fricasse dans les colloques,
celle qui pose des colles aux affiches,
celle qui rouspète le feu sacré,

celle qui pleut comme fontaine
sans avoir plu ni jamais pu,
et qui tricote et se console
en faisant des marmots croisés,

celle qui n'attend plus qu'on l'appelle,
qui a décroché une fois pour toutes,
qui répond plus quand on la sonne,
elle s'est pendue au téléphone...

Ne change pas, reste pour moi
celle qui s'arrose un soir de fête
à petits verres dans un grand pot,
celle qui déride pour mieux songer
songer à qui ? son géranium...

Amanthe poivrée
parfait parfum
fine farine
fleur de fenouil
ne change pas
reste en bouquet !

L'appel de la carrière

L'école, quand t'es tout petit, tu connais pas,
t'es pas encore dans l'école...
tu t'amuses autour, tu joues dans le pré scolaire,
tu suis seulement les cours de récréation...
C'est drôlement agréable, mais ça dure pas longtemps.
Un jour, tu te retrouves dans l'école...
et là, fini de faire tout ce que tu veux,
c'est l'école brimaire !
D'abord tu découvres une chose que tu connaissais
    pas : la discipipeline !
C'est très énormément important,
c'est avec ça que tu apprends.
La discipipeline, tu vois, c'est comme un tuyau...
on te branche ça dans l'entonnoir, et tu reçois,
t'entends, t'entends des mots, des mots, des mots...
passque à l'autre bout du tuyau, y a un professeur
qui arrête pas de parler...
qui te remplit la crécelle tous les jours,
jour après jour... après jour...
Et un beau matin que l'été se pointe le nez,
ça y est, fini la discipipeline et tu pars en vacances !
Toi tu penses que ça s'arrête là, mais c'est pas
si simple... aussitôt que les feuilles commencent
à démissionner des arbres, tu rentres à l'école
pour des semaines et des mois, des mois...
et c'est comme ça pendant des années !
Mais toi, sans t'en rendre compte, tu grandis,
tu grandis tant tellement que ton école devient

trop petite pour toi, alors tu changes d'école.
Et aussitôt que tu te retrouves dans ta nouvelle grande
école, la première chose que tu apprends,
c'est que l'école c'est **SECONDAIRE** !
Youppi ! finie l'école brimaire !
finie la discipipeline !
Mais c'est pas vrai, c'est pas fini, c'est pire.
À partir de désormais, t'as plusieurs discipipelines !
Et c'est là que tu commences à courir pour suivre...
tu suis les cours... et ça marche, les cours...
et toi tu suis, tu suis... t'as pas le choix...
alors tu bouges, tu cours partout,
tu montes, tu descends, tu cours à droite, à gauche...
et à force de courir tu finis par apprendre...
t'apprends toutes sortes de choses...
t'apprends à compter... surtout sur toi-même...
t'apprends que tout le monde polycopie
tout le monde...
mais t'arrêtes pas de courir...
tu cours les profs, tu cours tes cent maîtres...
tu fais de l'équation sur ton alzèbre...
tu cours de labos en lavabos...
tu cours les images sur un magnificoscope,
avec une vidéocasquette sur ta tête chercheuse...
tu cours tes feuilles qui sont mobiles...
tu poursuis tes études !

Mais un beau matin, stop ! fini de courir,
Qu'est-ce que tu vois qui se dresse devant toi ?
L'EXGAMIN !
Et il est pas commode, tout le monde a peur de
    l'exgamin !
C'est un dur ! Il est là qui bouge pas...
il t'attend... Et là t'as pas le choix, faut que tu passes
    l'exgamin !
Pas question de faire semblant, de passer à côté...
non, faut que tu passes à travers !...
Alors tu fermes les yeux, et tu fonces...
et quand t'as passé l'exgamin, tu ouvres les yeux,
tu fais ouf ! Et tu reçois ton butin...
Ton butin c'est une feuille pleine de notes.
C'est drôlement important les notes, c'est tes notes
à toi... c'est tes notes qui te donnent l'air :
pluss elles sont hautes, pluss t'as l'air enchanté !
Tu sautes en l'air comme si t'avais gagné le grelot...
YA HOOOOU !
Mais si t'as les notes basses, alors là, c'est pas long
tu te mets à déchanter... avec ton petit butin
tu sors de l'école par la petite porte,
la tête basse forcément...

Sans rien, sans papier ni plôme, tu devras attendre
que la main d'œuvre te donne un coup de pouce...
et la main d'œuvre elle a beau avoir le bras long...
des fois elle en met du temps avant de te rejoindre !
Et même quand la main d'œuvre te tient,
ça veut pas dire qu'elle tient à toi.
Elle peut te lâcher aussi vite...
elle fait pas ce qu'elle veut, ça dépend...
ça dépend des ouvertures...
et surtout des fermetures !...

En tout cas, avec ton petit butin, t'auras la vie dure,
t'auras du mal à mettre du labeurre sur ton pain...
peut-être tu vas passer ta vie à chercher des
débouchés... pas facile trouver des débouchés...
à moins d'avoir des tuyaux...

Bon, suppositionne maintenant que t'as pas craqué
     devant l'exgamin.
Tu sors de l'école avec la grosse
tête haute et un beau butin...

Et là, c'est esstradinaire, t'as toute ta vie devant toi,
c'est facile, t'as qu'à choisir...
Tu peux même choisir de rester à l'école :
tu peux choisir de devenir un prof !
Il est drôlement bien le prof, il reste à l'école
toute sa vie, sauf qu'il a plus rien à apprendre,
il sait tout ! C'est pas fatigant.
Bien sûr, le prof, tout ce qu'il sait, il peut pas garder
    ça pour lui tout seul, ce serait pas juste...
Alors chaque matin, le prof il fait une petit effort,
il ouvre la porte de sa classe...
et qu'est-ce qu'il voit là devant lui ?
Une trentaine d'entonnoirs qui viennent faire
    le plein !
Alors il sort la discipipeline et il verse dans
les entonnoirs... il verse, il converse, il controverse,
il tergiverse, toute la journée...
et quand les entonnoirs sont pleins, ils s'en vont.
Et le lendemain ils reviennent, toujours aussi vides !
et il faut encore les remplir...

C'est plus des entonnoirs, c'est des vraies passoires !...
Bon, après tout, c'est pas si mal : une passoire
c'est fait pour passer... et avoir des élèves qui passent,
c'est bon pour le prof. Surtout quand on pense
que le pôvre, il les a vus de face pendant des mois...
(et ils sont pas toujours jolis à voir : les yeux au
    plafond, et les doigts dans le néant...)
au moins quand ils passent, c'est une fois pour toutes,
et il les revoit plus !...

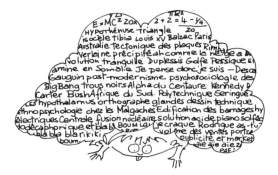

Bien sûr, personne te force à devenir un prof.
Tu peux aussi choisir de sortir de l'école
une fois pour toutes.
Alors là, le mieux c'est de décrocher.
Si t'arrives à décrocher huit, neuf ou dix plômes,
c'est esstradinaire ! Avec ça, tu peux avancer
dans la vie, t'avances, t'avances,
y a rien pour t'arrêter...
Et même si tout à coup, un beau jour, tu sens
comme un trou devant toi... alors là faut surtout pas
t'énervouiller... ce trou il est là essprès pour toi,
c'est ta carrière qui s'ouvre devant toi !

Non, j'exagérationne.
Elle s'ouvre pas toute seule, ta carrière,
faut que tu l'aides, faut que tu pioches...
Avec ta carrière ce qu'il te faut, c'est un plan.
Si t'as un plan de carrière, tu peux pas te tromper,
tu pioches en suivant ton plan de carrière...
et comme ça tu perds pas ton temps à piétiner...
quand on piétine on avance à rien, c'est bien connu...
À moins que tu piétines les autres !
Mais attention, pluss tu piétines les autres, moins il
en reste... et alors t'es pas pluss avancé : si t'as
personne derrière toi tu seras jamais le premier !...
Passque dans la vie, la chose qui compte c'est
que les autres soient derrière toi...

Y a aussi des gens qui prétentionnent que c'est mieux
une carrière en long. Mais une longue carrière faut
pas croire que c'est plus simple... tu commences à
piocher droit devant toi, tu pioches, tu pioches...
et pluss tu pioches pluss tu fais des tas, tu fais des
tas... tant tellement que tu sais plus où les mettre,
et alors t'as pas le choix, tu serres les tas,
tu serres les tas... tout le long de ta carrière...
Et si tu serres les tas encore pendant des années et des
années, t'auras une belle carrière très énormément
longue... Et même si t'es sûr d'être jamais remercié...
tu connaîtras les joies de la satisfonction publique !...

Mais si t'es grambitieux,
si t'as vraiment
de la grambition, tu te contentes
pas de piocher dans ta carrière,
et de faire des tas...

Tu surveilles les tas ! et c'est pas long, tu te rends
compte que les tas nous cachent plein de choses...
alors tu scrutines, tu guettes...
et si t'arrives à connaître les secrets des tas,
ça veut dire que t'as du nez... et si t'as du nez,
t'as ce qu'il faut pour devenir le chef des tas !...

Ce qui est bien quand t'es le chef,
c'est que vraiment tu fais ce que tu veux.
C'est le contraire de l'école : personne te force
à répondre aux questions !
Tu peux t'amuser à donner des incohérences
de presse... mais tu réponds jamais aux questions,
tu réponds à côté, tu dis jamais ni oui ni non...
Tu laisses ça au préférend'homme... il aime ça
répondre, le préférend'homme, c'est l'homme
qui dit :
«Je préfère ceci ou cela...» c'est l'homme de la rue.
Le chef des tas, lui, c'est pas l'homme de la rue,
c'est un homme de cabinet, il est toujours pressé !
Ce qui lui manque le plus, c'est le temps.
Il a toujours besoin de temps, n'importe quel temps,
beau temps, mauvais temps, il s'en fiche,
il est impermouillable, il se mouille jamais...
quand ça coule sur lui comme un canard,
c'est un bon signe. C'est un signe de bonne santé...
C'est important. Le chef des tas peut pas se permettre
d'être malade pour un oui ou pour un non...
Il peut pas se permettre de se lever un matin
avec un problème constipationnel... il est pressé !

Et le pire, quand on est pressé, c'est de jamais être
tout seul... Le chef des tas il a toujours plein de gens
qui tourbillent autour de lui... des fois il en peut plus,
alors il les envoie faire des commissions.
Tout ces gens-là, vaut mieux que ça rapporte !
Seulement voilà, ils comprennent pas, ils en font
trop, ils rapportent, ils veulent garder de bons
rapports...
ils rapportent tant tellement que son bureau est
plein... et lui, il voudrait bien jeter tout ça par la
fenêtre... mais il peut pas : l'homme de la rue est là,
en bas,
qui pourrait mettre le nez dans les rapports...
Tu vois ça, si l'homme de la rue arrivait à reprendre
    connaissance ?...
Alors comme il peut rien jeter, il empile !
Il met tout ça sur des tablettes, et encore des
    tablettes... jusqu'au plafond !
Et ça devient l'oubliothèque... avec un biblioprécaire
    qui va tout bien classer, classer une fois pour toutes !

Tu vois, un vrai chef c'est toujours pressé... il a pas
de temps à perdre... s'il veut arriver à tout faire
tout seul... il a pas le choix : il doit savoir s'entourer
de tablettes...

Ouille, c'est drôle, les tablettes, ça me rappelle
quelqu'un... un chef... drôlement pressé...
qui voulait tout faire... tout seul... à toute vitesse...
attends... je me souviens... non...
ah, je devrais m'en souvenir...
je devrais m'en souvenir....
devrais m'en souvenir...
m'en souvenir...
m'en souvenir...
m'en souvenir...

Le fou du roi

Il
  paraît
    que
      c'est
        pas
          sûr
            qu'on
              a
                toujours
                  été
                    ce
                      qu'on
                        a
                          toujours
                            pensé
                              qu'on
                                est...

Il paraît qu'avant d'être...
                          on a peut-être déjà été...

        ...Avant, y a très énormément longtemps,
on a peut-être été autre chose...
peut-être une fleur,
ou un petit poisson,
ou un gentil voléoptère...

Moi, avant d'être le pôvre petit moi,
j'ai bien dû être... qu'est-ce que j'ai bien pu être ?...
Faut sercher dans le temps... avant... avant...
Tiens, par exemple, avant la Révélation française
avant tous ces pensifs qui se révoltaient...
avant que tous les trônes soient décapitulés...
il y avait le roi !
Je l'ai connu peut-être... et j'étais près de lui...
bien sûr que je l'aimais... ah, j'étais fou du roi !
Mais j'étais pas tout seul, et sa cour était pleine...
On croit que d'être roi, c'est la joie, le bonheur...
quelle erreur... c'est l'horreur !
Sitôt qu'il ouvre l'œil, le pôvre, quoi qu'il fasse,
ne voit autour de lui que visages à deux faces.
Dès le petit lever, ils sont là au réveil:

— Avons-nous bien dormi, monsieur le Roi-Sommeil ?

Ils sont là qui l'entourent,
le cajolent et l'encensent...
Madame de Maintenant, qui n'est pas née d'hier,
lui offre le café à la petite cuiller...

Mais le roi se rebiffe :

— Nenni! pas de café! Messieurs les courtisans
ce que le roi préfère c'est une courtisane !...

Et tout le monde de rire... ah oui, qu'il était drôle !
Si j'étais fou du roi, c'est qu'il me faisait rire...
malgré les simagrées de tous ces parasites,
malgré les flatteries des flagrants flagorneurs,
ceux qui pavent sa cour de leurs bonnes intentions :
    qu'ils soient prince sans rire,
       vicomte de dépenses
          chancelant chancelier,
             vieux chambellan caduc
                comte à dormir debout,
                   cacochyme archiduc
petits marquis nigauds à perruche poudrée...
tous balaient le plancher de sottes révérences,
à grands coups d'encensoir,
se confondent en courbettes...
et pourlèchent ses bottes...
et deviennent carpettes !...
roucoulant, caquetant, vrais oiseaux de basse-cour :

Ah! être un favori... être pour lui précieux...
picorer dans sa main...
être près du couvoir... et marcher sur des œufs!

Mais aujourd'hui... tout ça, tout ça c'est bien fini.
Plus de roi, plus de cour remplie de courtisans...
Et on ne voit partout que des gens respectables.
De grands hommes affairés... finassiers avisés...
conseillers, promoteurs, mandarins responsables...
et leurs polis p'tits chiens
qu'ils tiennent bien en laisse !
On n'pourrait plus voir ça, des gens qui rapetissent,
des gens qui s'aplatissent...
On n'pourrait plus voir ça
ces pénibles pantins, minables marionnettes
tirant sur les ficelles qui leur courbent la tête...
On n'pourrait plus voir ça, tous ces grands
    personnages
qui se disent hommes d'honneur...
quand ils sont receveurs !...
On n'pourrait plus voir ça, car il n'y a plus de roi...

Moi je dis c'est dommage, j'aurais aimé que ça dure
ça m'aurait plu encore d'être un peu fou du roi...
mais... tout ce qu'il en reste, c'est sa caricature !...

Médicalmant parlant

Quand j'étais petit mon perplexe me disait toujours :
«La santé ça passe avant tout !»
Et c'est vrai qu'elle passe la santé.
Même que des fois elle nous dépasse, et on court
on court pour la rattraper, et pluss on court,
pluss on est fatigué...
et moins on la rattrape...
et quand on l'a perdue de vue la santé,
quand on l'a perdue pour de bon...
quand on se retrouve dans un fauteuil croulant,
c'est là qu'on comprend que dans la vie
c'est la santé qu'a le pluss d'impotence...

Bien sûr y en a qui font : «Boff ! c'est pas grave,
les docteurs sont là pour nous la rattraper, la santé !»
Moi ça me fait bien rigoler.
Quand on connaît les docteurs...
Tiens, suppositionne que ça va pas,
qu'est-ce que tu fais ?
Tu cours chez le docteur. Tu cours pas vite
passque il peut pas te voir tout de suite comme ça,
    c'est long...
C'est pas n'importe quel docteur,
c'est un omnipatricien, un qui soigne de la tête
    aux pieds...
c'est long... T'arrives chez lui, y a déjà plein de gens
    qui attendent,
qui sont là depuis drôlement longtemps...

y a qu'à voir les revues, vieilles de six mois,
qu'ils sont en train d'effeuiller...
Et c'est là que t'apprends à devenir patient...
patient... patient... surtout quand tu sais pas lire...

Et fin finalement on t'appelle, c'est ton tour
et il te reçoit, l'emphétamine radieuse et le sourcil
   bronzé (forcément, il revient de vacances !)
il te regarde, plein de convalescence pour toi :

— Vous, ça va pas... vous avez le teint faramineux,
   vous êtes lipide...
— Docteur, j'arrive pas à dormir.
— Du calme. On va vous soulager.

Sont tous pareils les docteurs, ils peuvent pas
   s'empêcher de soulager tout le monde.
Toi quand t'entends ça tu peux être sûr
qu'on va t'enlever quelque chose. . .
Et tout de suite tu comprends qu'un docteur
c'est pas là pour donner, c'est là pour prendre.
Et pluss t'es malade pluss il te prend.
Il te prend ton pouls
il te prend le tempérament
il te prend la tension caractérielle...
puis il prend sa grande médaille qui lui pend toujours
   sur le centre médical,
et il te promène ça tout froid dans le dos...

— Ouille ! qu'est-ce que c'est ?
— C'est un tétanoscope. Respirez...
— Ça sert à quoi ?

— Respirez !
— Ça sert à respirer ?
— Ça sert à écouter. Respirez !
— Et quand on écoute, qu'est-ce que ça dit ?
— Ça diagnostique ! Bon, ça suffit, je vous le
    demande pour la dernière fois, respirez !
— Ouille, si je respire pour la dernière fois,
    je vas mourir !
— Respirez encore... Bombez l'entorse...
    remplissez vos poupons...
    je veux entendre les tronches...

Toi, tu voudrais qu'il te parle de ta maladie, mais non :

— Toussez... toussez... Maintenant ouvrez...
    ouvrez tout grand... faites aaaaah...
    tirez la langue... aaaaah !...

Et toi t'es patient, tu fais tout ça pour lui faire plaisir.
D'autant pluss que c'est facile :
depuis que t'es haut comme ça que tu respires,
que tu tires la langue...
Puis il range son écoutille, et il t'étend
très complètement couché...
et il te pointe un grand doigt dans les côtelettes...
et il te déprime le diagramme...
il te fait des palpouilles partout...

— Et quand vous étiez jeune,
vous avez eu des maladies ?
Des maladies contactuelles ?
— Non, jamais eu de maladies contrarieuses.
— Vous avez jamais été rougeaud, ni bariolé ?
jamais eu la périphérie ?
la radicelle ?
la galopine ?
l'anémone pernicieuse ?
— Non. Tout petit j'ai été vexé contre tout ça...
j'étais déjà pasteurisé contre les pires épiphanies
de coléreuse... et même le typhon...
— Et plus tard à l'école...
— Là ç'a été plus dur, passque j'étais mou...
je faisais pas assez de sporadique...
j'avais la crécelle pleine de calculs,
je souffrais de mathématite...
la langue me faisait souffrir mille maux...
ça m'a donné la subjonctivite...
des fois je pouvais pas répondre,
je faisais de l'absentéite...
et quand je répondais je me sentais insolite...
de pluss en pluss je faisais de l'iphigénie...
un jour on m'a même fait subir une géographie !
Et à partir de là ç'a été fini...
c'était l'ineptie très complète...
devant le tableau je restais spongieux pendant des
heures et des heures...
— Bon bon, c'est très simple mon cher ami,
vous manquez de sommier...
C'est sûrement les yeux...
Faut aller voir un spécifique.

Et là-dessus il te gribouille un bout de papier,
et tu cours chez le spécifique :

— Docteur j'arrive pas à dormir, je veux me faire
   occulter.
— Laissez-moi faire, les yeux ça me regarde.

Et il te promène son petit rayon jusqu'au fond du
   globulaire.

— Docteur j'ai peur, je voudrais pas devenir
   presbytaire...
— Mmmm...Vous avez les yeux exorbitants...
   et la goupille drôlement dilapidée...
   Mais c'est pas grave...
   y a pas de décollement de la crétine...
   la corniche est solide...
— Peut-être mais le matin quand je me regarde
   les yeux au miroir, je vois un point noir...
   et quand je fixe le point il devient plusieurs...
   Je pense que j'ai l'œil gauche...
— C'est très simple : demain à l'hôpital je vous fais
   disparaître les points. J'enlève tout.
— Ouille non je veux pas ! Chaque jour y en a
   pluss. Chaque jour je gagne des points !...
— Parfait. Si vous voulez garder l'œil gauche
   c'est votre droit. Vous aimez mieux attendre
   pour vous faire obtempérer ? attendre de devenir
   complètement cataractériel ?

C'est votre affaire. Seulement je vous préventionne :
Quand vous verrez plus rien,
pas la peine de revenir me voir !
De toute manière, quand on est le genre
comme vous à se faire tirer l'oreille,
on a surtout besoin de l'oto-rino...
— Loto-rino c'est amusant... c'est un nouveau jeu ?
— L'oto-rino c'est celui qui s'occupe
des joies respiratoires !

Alors tu perds pas une seconde, tu cours tu cours chez
le nouveau spécifique, c'est un gros, un dur,
un otoritaire, un otorinoféroce !
Il te reçoit comme un chien dans une jonquille...

— C'est pour le nez ? Les oreilles ? Faut rien me
cacher je suis labyrinthologue !
— Docteur je dors pas, j'ai comme un bourbon
dans l'oreille... ça vrombine...
ça me turbine le pimpant...
J'ai peur de l'absurdité !
— Je sens que ça dépend du nez !

Et là-dessus il s'engage dans la narine,
à toute vitesse,
comme s'il allait livrer une bataille nasale!

— Oh ! oh !... Vous avez les cyniques très
complètement bouchés... ça végète là-dedans !
Vous sentez quelque chose ?

— Non, j'ai beau me sentir, je sens rien...
— Alors, vous êtes malodorant !
— Ouille non, je sens pas fort !
— Bon, si vous sentez rien, vous êtes malodorant.
  Je connais des malvoyants, des malentendants...
  pourquoi vous seriez pas malodorant ?
— Juxtement passque je sens rien !
— Bon bon, laissez tomber, c'est un malentendu...
  On va voir plus bas. Ouvrez !

Et il descend, il s'enfonce dans ton labyrinx...
jusque derrière la fluette...

— Ah ! ah !... le goulot est bouché... et encore plus bas
  c'est tout écarlatine... mais vous avez le gésier
  braisé ! Oh ! mais c'est eux...
  c'est les amidons qui flammèchent,
  c'est eux les coupables. . .
— Ouille ! coupables, vous êtes sûr ?
— Je suis parégorique ! Avec un point d'inflammation !
  Coupables ! On va vous les annuler vos amidons !
  Ça va pas traîner !

Et c'est comme ça que tu te retrouves à l'hôpital.
Tout de suite on te prend. D'abord t'es pris
par l'odeur affreuse qui flotte dans le chloridor...

Puis c'est les formalités qui te prennent...
plein de formalités... ils te prennent ta sinécure...
et tu trouves ça bizarre, c'est toi qui signes
mais c'est eux qui vont prendre les incisions...

Eux ils déclinent toutes reprochabilités.

Toi tu t'énervouilles, tu dis c'est grave...
Mais eux ils s'en fichent que ton bobo soye grave...
Du moment que t'as l'assurance-maladive,
ça les arrange...
Et ça continouille... encore et encore des formalités...
c'est pas long tu deviens toi-même une formalité...
dans une salle... entouré d'autres formalités...

Et là tu te dis : «J'espère que je serai pas soigné
par un petit docteur haut comme ça, tout frais sorti
de la facultative... un petit tout triste...
un nain terne...
Non, j'aimerais bien qu'elles soyent deux autour
de moi, une grande oblongue... et une petite prunelle !
Je sais je sais qu'elles vont m'oublier souvent...
qu'elles viendront pas me border
passqu'elles seront débordées...
Tant pis, j'aime quand même mieux être soigné
par mégarde...»

De toute manière, t'as pas le choix tu le sais bien
faut que tu soyes patient patient patient...
alors tu restes là, couché sur ton insomnie,

et tu penses tu penses...
tu penses qu'y en a tellement
de pluss mal pris que toi...
Ceux qui patience depuis dix ans,
très encadréplégiques...
Ceux qui comptent gouttes...
goutte à goutte, en salle d'attente à oxygène...
et qui prolongent les derniers maux
d'une phrase interminale...

Ceux qui sont pris par la panique...
l'horriblifique... la pire de toutes !
celle qui commence petite rumeur...
qui se répand... bouche à oreille...
et qui grandit rumeur maligne...
qui commence platonique et qui finit panique !
celle qui chavire le cœur...
celle qui fait peur... même aux amis !
celle qui te donne le sein drôle, tout drôle...
qui te crie : «C'est fini...
fini de se mélanger à corps et à cris...
trop tard... trop tard pour les amours propres !
Je te tiens je te tiens...
et j'étreins j'étreins... j'étreins !»

Et juste au moment où t'allais t'endormir
on te réveille
sur une table à roulettes
et on te roule... jusqu'à la salle d'aberration.

Là c'est tout beau, tout propre,
plein de tables en apoplexie
avec leurs pattes mercurochrome...
Tout le monde t'attend, stérile et sceptique
comme les ustensiles qui mouillent
dans leur bécassine... Dans un coin,
t'en vois un qui s'en lave les mains d'avance...
c'est sûrement le déchirurgien...
Juste au-dessus de toi s'allume une grande soucoupe
toute pleine d'ampoules très hallucinogènes...
un autre docteur s'amène, un grand
tout efflanqué d'une belle sirène épidermique...
pour te piquer la curiosité...

— Restez calme, vous sentirez rien.

Et tu le reconnais, c'est celui qui endort, c'est lui :
c'est l'euthanasiste !
Et clac ! il te fait l'injonction vénéneuse...
et tu restes là, l'œil comme un hangar...
t'attends t'attends...

— C'est drôle docteur, j'arrive pas à dormir...
— Normal. Autrefois, pour un oui pour un non,
    on endormait toujours d'un bout à l'autre,
    maintenant on a compris, on fait des économies,
    on endort un tout petit morceau à la fois...
— Ouille quoi ? Je vas tout voir et tout entendre ?
    Je vas rester glucide ?
— Oui, mais sans dire un mot. Je vous ai fait
    une euthanasie vocale !

Et c'est vrai, tu vois tout...
tu vois le grand déchirurgien avec son tablier
on lui enfile ses ongants... il s'approche...
il s'approche. Ça y est, il va se mettre à table !
Tu te dis : «C'est bizarre, c'est lui qui a les ustensiles
et c'est moi qui a la trousse !...»
Et il regarde, il tâtonne le morceau qui l'intéresse
et il pointe son grand doigt...
et on te barbouille de teinture anodine...
et hop ! ça y est, il devient opérationnel :
Il prend son incisif... et zip !
c'est l'ouverture éclair !...

Et là ça se met à bouger, très vite très vite
on lui passe des pincettes... des forçures...
des tenouilles et des cisules...
et il se met à farfouiner...
Et c'est là que tu comprends que t'es pas étendu
sur n'importe quelle table...
non c'est la table de soustraction !
Tu te sens de moins en moins chez toi.
Les autres sont là autour qui jettent un œil
dans ton ouverture... ça les amuse...
c'est pour ça d'ailleurs qu'ils portent un masque...
c'est pas pour les enthousiasmes qui pourraient
    t'infester
non, c'est pour que tu les vois pas rigoler !...

Et le déchirurgien il s'amuse lui aussi
il coupe par-ci par-là... pour effrayer son chemin
à travers tes vipères et tes gourganes...
il se taille un raccourci pour aller plus vite...
Et les autres à côté se mettent à tamponner...
et il coupe et il pince... et ça rigole et ça rigole...
et pluss ça rigole pluss ça tamponne...
T'as même pas le temps de te faire du mauvais sang
on te l'enlève...
Mais toi tu t'en fiches, tu sens rien.
Même le déchirurgien tu peux pas le sentir...

Et pourtant il est bon pour toi,
il s'occupe de ton intérieur, pendant que t'es pas là...
Il en profite. Il fait le grand ménage.
Il enlève tout ce qui traîne, il t'enlève l'ablation...
il te soutire le pancrasse...
il t'ouvre la boîte crâneuse
et il te prélève un caillou dans le cerveau...
il te fait sauter le vestibule...
il te dilue l'hippocrate...
ah ! non, il perd pas son temps
à te réduire le collatéral...
à te poser une colle au fémur...
à te griffer une moelleuse épinette...
à te poser un dissimulateur spartiate...
à te faire un pontage qui rime à rien
pour un cœur qui va tenir à des artificelles...

Non, il fait seulement ce qui est futile.
Et shlack ! la grande tyrolienne...
et vlac ! la phosphate !...
et prrrouit ! il t'abrège le festin grêle !...

Et tout ce temps-là, le seul qui a pas l'œil sur toi
c'est l'euthanasiste...
il a pas le temps, il regarde une petite rétrovision
avec toujours la même image : bip... bip... bip...
Et seulement quand ça se met à faire
un long biiiiiii !...
là il se lance sur toi, il te soulève la paupiette...
mais c'est trop tard, tu le vois plus...
t'as déjà perdu consistance...

Et quand tu reviens à lui, c'est fini
l'autre est en train de faire de la haute couture...
il te rafistule...
Tu te retrouves tout seul dans la salle de rumination
tu te regardes et tout ce que tu vois
c'est une grande mystificatrice qui te coupe en deux...
 avec des petits points de stupeur un peu partout...

Alors tu te sens léger léger...
forcément, avec tout ce qu'on t'a ôté
t'es drôlement soulagé...

Et quand tu sors de l'hôpital, t'es content, c'est fini.
Et le docteur te donne un papier :

— Voilà votre proscriptum. Apprendre deux fois par
   jour entre les repos. Oubliez pas c'est important.
   Et je vous dis bravo ! vous avez une forte
   constipation. Bonne chance, et au revoir...

Et tu pars avec ton papier, t'essayes de lire,
t'essayes... tu comprends rien...
tu t'énervouilles
tu cours chez le pharmaceutique :

— Ouille ! aidez-moi je suis mal pris ! J'ai un
   proscriptum du docteur : apprendre deux fois
   par jour... apprendre

Apprendre... c'est facile à dire... j'arrive même
pas à lire...

— Donnez-moi ça et calmez-vous...
— Je veux pas retourner à l'hôpital, j'ai peur...
— Il est pas question de retourner...
— Le docteur m'a dit au revoir ! Je suis sûr
   qu'il a oublié de m'enlever quelque chose
   encore...
— Du calme... ici on n'enlève rien, mais ce qui reste
   on le fait durer... Je vais vous préparer
   votre médicalmant.

Le pharmaceutique, c'est vraiment lui
qui se préoccupassionne de ta santé.
C'est vrai qu'il t'enlève rien, il te donne !
Et c'est facile pour lui, il a tout.
Toi, chez toi, t'as une petite boîte au mur
avec un miroir et t'appelles ça une pharmacie...
waff ! c'est rien... Tu devrais voir ça
chez le pharmaceutique... les murs sont pleins
de bouteilles, de flocons, de petits
pothicaires partout... et il s'amuse à travers tout ça...
il batifiole... Il a tout pour guérir...
J'ai un chat dans la gorge ?
il a toujours un sirop pour matou...
T'arrives chez lui avec la vitamine basse ?
c'est que tu manques de calorifères...
Tu te sens comme un petit comprimé ?
Paf ! il te remonte avec un cachet d'aspirante...
Tu peux pas fermer l'œil ? il t'assommnifère,
et c'est pas long tu dors sur tes deux oreillons...
T'as la mélancolique abdominale ?
vite, un purgatoire... T'as la mauvaise gestion ?
T'as trop mangé deux grands plats de torticolis ?
vite, il te fait boire un bicarburate
ou du lait d'amnésie...
et t'oublies tout...

Il a tout, même pour soigner toutes les piqûres...
de l'ursuline jusqu'à la courtisane...

Il a tout. Il a tout vu le pharmaceutique...
il connaît les éprouvettes de tout le monde...
Ceux qui ont mal dans les mollusques...
ceux qui font de l'embargo...
ceux qui ont les spatules qui frotulent...
ceux qui se sentent mal... qui se sentent plus...
et même qui se centenairent...

Alors quand tu sors de chez lui, tu te sens mieux
t'es sûr de pouvoir traverser la rubéole...
sans bronchite !

Moi en tout cas, le pharmaceutique il me fait rêver...
Des fois, je rêve que je suis une pilule...
une toute petite pilule... et je suis là sur ma tablette...
et je vois entrer une belle féminine tout énervouillée,
avec son petit papier :

— Monsieur monsieur, on me suit... je suis suivie...
— Et qui est-ce qui vous suit ?
— C'est mon génicollègue !...
    Il me suit depuis des semaines...
    Je suis sûre qu'il me suit à cause
    de ma protubérance !

Alors il jette un œil sur le proscriptum :

— Ma pôvre madame, faut pas vous en faire...
   Votre inflation, c'est une groseille nerveuse
   Je vais vous donner quelque chose...

Et il me prend, moi, sur ma tablette...
et je pars avec la jolie féminine...
et je deviens sa pilule à elle...
sa pilule très complètement anti-exceptionnelle !...

Y en a qui disent : «La santé c'est l'eau !»
Moi je dis : Ça dépend... quand j'ouvre le grobidet,
ce qui coule c'est pas sûr...
et j'ai beau essayer de changer l'eau
c'est toujours en vain...

La plainte aquatique

Y a très très énormément jadis,
au début du commencement, de l'eau y en avait...
y avait que ça de l'eau... rien que de l'eau partout...
jusqu'en haut des montagnes !...
Mais c'était de l'eau dure...
Puis le soleil en a eu assez de se voir dans la glace,
alors il a chauffé tout ça...
et alors l'eau a commencé à ramollir...
puis elle s'est mise à descendre, descendre...
mais pluss elle descendait, pluss ça faisait de la place,
alors ça s'est mis à pousser, pousser...
et c'est devenu tout vert...
Et c'est là que toutes sortes de bestioles
en ont profité, elles sont sorties de l'eau
pour se mettre au vert, et se mettre à brouter
dans le préhistorique...
Y en avait de toutes sortes...
y en avait des grosses, des très énormes
des broutosaures, tu sais,
qui commençaient avec une petite tête de minus
et finissaient avec une très immense diplodoqueue...
À force de traîner partout, ces bandes de sauriens
ça faisait peur... tant tellement peur que l'homme
osait pas encore sortir !

COUCHÉ !

Puis un jour, qu'est-ce qu'on a vu arriver ?
des petits mammivores !
des trilliards de petits mammivores
qui se sont répandus partout, bbbrrrruittt !
Ils se sont mis à tout gronger... gnaf ! gnaf !
ils ont tout réduit en fines herbes !...
Alors les gros, les broutosaures,
comme ils avaient plus rien à végéter, ils ont disparu,
ils se sont enfouis... se sont sédimenterrés...
creux creux... sous des couches et des couches...
et ils ont fermé leurs grands œils pour toujours...
C'est comme ça que maintenant, quand on arrive
à les sortir de là, tout ce qu'on trouve
c'est leurs faux cils...

Fin finalement, l'homme qui avait été jusque-là
beaucoup troglodyte, l'est devenu beaucoup moins,
et il a mis le nez dehors
juste pour voir de quel bois il pourrait se chauffer...
et qu'est-ce qu'il a vu en sortant ?
de très énormes éléphantastiques !
avec une très épaisse crinoline qui tombait
jusqu'à terre...
Mais c'est des moumoutes ! qu'il a crié...
Et tout de suite, l'homme a senti que son festin
c'était de faire la chasse aux moumoutes...
Ah, la chasse aux moumoutes ç'a été...
une poursuite échevelée !

Et ça a duré des années, des années et des
annéanties... et puis un soir, il est rentré :

— Femme ! c'est fini... y a plus de moumoutes...
finis les moumoutes ! On a tout parfaitement
rasé ! Mais ne t'en fais pas, sache qu'à la chasse,
l'homme se bredouille toujours, j'ai trouvé
mieux que les moumoutes :
je t'offre un bisou !

— Un bisou ?

— Y a rien de pluss tendre que le bisou,
ça fond dans la bouche... Tu y goûtes,
et tu pourras plus t'en passer...

— Homme ! c'est toi le chef de famine...
Va, cours à la chasse, et me ramène un bisou !
Je t'aimerai encore pluss...
même que tu pourras garder les cornes
en souvenir...

Et la chasse était pas sitôt repartie que la nouvelle
courait :

— Quoi ? Vous avez pas encore essayé le bisou ?
Faut goûter, c'est esstradinaire !

Alors c'est devenu une mode, chacune voulait
son bisou.

— Oh ! encore une brochette ? Ah, c'était
pas nécessaire...

Mais l'homme voulait rien savoir, il la couvrait
de bisous... D'autant pluss que la chasse était
facile, vu que le bisou était pas encore fûté...
Trop facile même ! bientôt la plaine a été
vidée... plus de bisous ! *exit*,
terminés les bisous !

Alors bien sûr la femme est devenue plaintive :

— Quoi ? C'est déjà fini ? Oh sois gentil...
encore un bisou... rien qu'un petit !...

Alors pour lui faire plaisir, l'homme lui a
dessiné un bisou sur le mur, et la femme était
contente... même si le dessin était grotesque...
C'est comme ça que fin finalement tous les bisous
ont été très complètement dessinés !

Mais heureusement y avait encore de quoi manger...
à force de courir partout, l'homme avait découvert
le mufle... plein de mufles qui bruminaient
tranquilles... Seulement il a vite compris
que chasser le mufle c'est pas facile,
ça se laisse pas avoir comme ça, le mufle...
c'est pas aimable comme le bisou...
En tout cas, l'homme a eu beau faire,
il a jamais réussi à les exténuer complètement...

C'est pour ça, d'ailleurs, qu'on en trouve
encore... même de nos jours... tu peux pas faire
deux coins de rues sans rencontrer au moins un mufle !
Puis un jour, ça devait arriver, l'homme a eu
chaud. Toute la journée il avait couru un
troupeau de mufles... sauf que cette fois,
le troupeau était derrière lui !
Heureusement il avait de la fuite dans les
idées... mais quand même, ça donne chaud...
alors tout de suite en arrivant il s'est calmé
les pieds dans le ruisseau...
quand tout à coup, qu'est-ce qui lui saute aux yeux ?
un poisson !

— Qu'est-ce qui lui prend à celui-là, il veut sortir ?
    Peut-être qu'au fond il est pas bien ?
    Pourtant il a de la chance, le poisson, il est au frais
    il a beau être toujours en nage, il a jamais chaud...

Mais le poisson sautait après une mouche
qui voulait pas se faire avoir...

— Ah ! peut-être qu'il a faim...

Alors l'homme a pris la mouche, l'a attachée
à un fil qu'il a trempé dans l'eau...
et hop !
le poisson s'est mis à grignoter...
Et l'homme trouvait ça amusant, il restait là...
il attrapait des mouches, pendant des heures...
Puis sa femme en a eu assez, elle s'est fâchée :

— T'as pas honte de rester à rien faire au lieu
    d'aller chasser ?

— Fini de chasser les gros mammifiers,
    c'est trop fatigant... je nourris mon poisson...
    regarde comme il devient gros...

— Mon pôv' vieux, tu te rends pas compte...
    t'es en train de mettre la morue devant les bœufs !

Et pour se faire pardonner,
l'homme a tendu la perche à sa femme,
et tout de suite elle l'a saisie... au beurre noir !
Ensuite, jour après jour, une mouche... un poisson...
une mouche... un poisson...
l'homme lâchait pas... et sa femme non plus...
elle était heureuse... enfin, avec le poisson,
elle tenait la ligne... ils avaient compris
tous les deux...

Mais le poisson, lui, pôvre poisson, il avait rien
appris... il avait pas encore compris combien
c'est dangereux de vivre au crochet de l'homme !...

Puis un jour qu'ils en avaient tant empilés
que les ablettes était pleines...
ce jour-là, l'homme s'est arrêté, il a débauché
une bonne bouteille et jeté le bouchon dans
le ruisseau... et là, tout à coup, il a vu
son bouchon qui descendait :

— Ouille, l'eau descend ! où elle peut bien aller ?

Et l'homme a voulu savoir, il s'est mis à courir...
il a couru son bouchon pendant des jours et des
   nuits...
et un beau matin, paf ! elle était là, devant lui...
«Oh la belle bleue !» qu'il a crié...
Puis il s'est pris les pieds dans une quelconque
qui traînait sur le sable...
il a ramassé la quelconque, et vite il est remonté
chez lui :

— Femme, tu peux pas savoir d'où j'arrive...
   J'en ai appris des choses...
   j'ai suivi des cours d'eau !
   j'ai découvert la mer !

— Quoi ? T'es allé à la mer sans moi ?
   T'aurais pu m'attendre !

— T'énervouille pas... la mer, je te l'apporte !
   Tu vois ça ? On dirait une quelconque...
   mais si tu te branches ça dans l'oreille...
   t'entends la mer !...

— Ouais... tout ce que j'entends c'est
   frrrouich... frrrouich.... c'est vague !
   T'es sûr que c'est la mer ?
   Et d'abord comment t'as fait pour la trouver ?

— J'ai suivi mon bouchon...

— Quoi ? Tous les bouchons mènent à la mer ?

— Oui, passque l'eau descend... regarde le ruisseau...
tu vois ? elle arrête pas de descendre...
elle est pas folle, l'eau, elle se fatigue pas
à remonter... elle se la coule douce...
toujours elle descend... Elle attend
pas les vacances pour aller voir la mer !

— Et tu trouves ça bien !
T'as pas pensé que si elle arrête pas de descendre,
bientôt on sera à court d'eau !
Ah, je la retiens ton eau !

— Te fatigue pas, tu peux pas la retenir,
tu saurais pas comment faire...
Pluss tard, on saura... on sera devenus
cartésiens, et on creusera des puits...
on se tiendra toujours à côté de nos pompes...
et on épuisera des nappes frénétiques...
on aura appris... et même où y a point de chute
on saura faire les dingues et les barrages...
et on pourra garder toute l'eau pour nous !...
Mais en attendant, laisse tomber... et dis-toi
bien que tant que ça coule, ça peut être
commode...
D'ailleurs, moi, ça m'a donné une idée génieuse
tu sais, tout ce qui sert plus, qu'est plus bon
à rien... au lieu de l'empiler,
flac ! tu jettes tout ça dans le ruisseau,
et ça descend chez le voisin d'en bas !

— Ouille, le pôvre ! peut-être il sera pas
d'accord ?

— Penses-tu, il est pas fou, il va faire comme
nous... même qu'il va être content, c'est une
idée esstradinaire... Enfin les ruisseaux
seront devenus futiles à quelque chose !...
Tu vas voir, avant longtemps tout le monde fera
pareil... et partout on entendra ce cri de
fatallégresse :

«Qu'on aime ou qu'on aime pas...
l'égout, ça se discute pas !»

Et l'homme s'est mis à tout jeter à l'eau...
et les ruisseaux ont commencé à charrier...
et pluss les ruisseaux charriaient,
pluss l'homme faisait pareil...
très vite c'est devenu comme une hébétude...
les rivières avaient beau essayer de faire
la grève elles ont vite perdu leurs alluvions...
et elles ont grossi grossi...

pour devenir des effluves...
et l'homme a jeté encore et encore pluss
de débritus, pluss de produits chimériques...
mais les effluves en pouvaient plus
et se jetaient à la mer...
Encore de nos jours, ils se jettent à la mer
avec leur superflux !
Mais la mer, elle... elle saurait pas où se jeter...
alors elle se jette pas...
mais elle bouge...
Y en a qui pensent qu'elle s'amuse :

— Regarde la mer qu'on voit danser...

Mais c'est pas vrai, elle danse pas !
Simplement elle en a plein le dos
de nos salopretés, alors elle bouge...
Et deux fois par jour... quand elle en peut
plus... elle remonte la côte, et elle rejette tout
ce qu'on lui jette... des papiers...
surtout des papiers gras...
Quoi ? un papier gras ? Ah non, c'est pas moi,
c'est un autre ! c'est toujours un autre...
c'est même jamais personne,
personne voudrait signer un papier gras... voyons !
et des bouteilles aussi... l'homme a toujours été
fou de bouteilles à la mer... et quand elle lui
faisait peur, il mettait même un papier dans la
bouteille, avec un tout petit message : «S...O...S...»

Mais maintenant, l'homme a plus peur,
même qu'il a commencé à se fâcher avec la mer :

— J'en ai assez de voir la mer me renvoyer mes
    salopretés... Fini de voir la mer gerber, et
    taper les rochers... et battre les fadaises...
    rouler les gringalets qui encombrent la plage !...
    Pour qui elle se prend la mer?
    Elle croit que je suis pas le maître
    parce que je reste au bord ?
    Y a qu'une chose à faire : faut l'affranchir !
    Je lui monte un drôle de bateau...
    je lui lance sur le dos un très énorme supertrolier,
    et je lui grimpe dessus pour la dompter...
    Larguez les émois !
    Hissez le pavillon de compétence !
    Je fonce à pleins nœuds
    et je pourfends le golfe perfide
    je me fiche des grandes marées d'épinoches...
    à toute vitesse je change de cap...
    je les laisse derrière moi, les caps !
    comme les capsules de bouteilles après
    bouteilles... que je vide sans mesure !...

    Et je te tiens ! Enfin je tiens la mer !
    Pluss tu tempêtes pluss je m'entête...
    Pas question que j'échoue... sinon tu es fichue
    la mer ! Fini de perdre mon temps...
    fini le message en bouteille...
    Je te lance les barils au complet !
    et le message sera plus court : «Ess...O...»
    tout court !
    Et tout le monde comprendra...
    comprendra que bientôt, très bientôt...
    Quand tous les poissons seront vidés
    de leurs filets...
    quand les oiseaux battront de l'albatroce...

quand les plages seront noires de muettes...
et de paniers pleins d'exécrables...
pleines d'otaries médusées suphoquées...
on n'entendra plus que le chant
des seringues...
Et moi, l'homme, tout fier je pourrai crier :

«Enfin la mer est calmée... j'ai dompté la mer !
Enfin, j'ai atteint mon rebut...
TOUT BAIGNE DANS L'HUILE !...»

Pourtant des fois, je me dis :
«Il n'est jamais trop tard pour battre sa poulpe...
trop tard pour sonner le toxique...»
Et si j'allais livrer un message aux poissons...
je prendrais une bouteille...
non, je la lancerais pas !
je la mettrais sur mon dos, la bouteille...
et je descendrais les voir...
et là je leur dirais :

— Poissons, vous êtes inouïs !...
    apprendrez-vous jamais ?
    Vous vous laissez aller...
    à l'anguille et sans voix...
    carpettes essoufflées...
    éperlans éperdus...
    turbots sans réactions...
    couchés sur le flétan...
    vous devenez lamproie...
    et vous rendez l'hameçon !...

Partir ? pôvre fretin !
Rien ne sert de nageoire...
partir tout d'une truite... pour revenir à dock ?

Non non, plongez plutôt !
Plongez, et jetez l'encre avant qu'elle ne soit
seiche...
Sauvez-vous par le fond !
là où les incrustés circulent dans les étoiles...
Pour encore quelque temps, pour quelques
anémones... c'est la seule planctonique...
où les algues ondinent...
où les roses coralinent...
et peuvent encore pousser...
pousser et repousser
leurs plaintes aquatiques...

Petit poisson qui ne veux pas
finir tes jours comme crevette
au fond d'un cachalot humide...

Petit poisson qui veux grandir...
apprends à lire entre les lignes !...

SANTÉ ?

Le premier venu

La bougeotte, tu sais, c'est pas d'hier.
Ça a commencé y a drôlement longtemps,
   dans un jardin.
Un beau grand jardin très luxurieux,
plein d'arbruisseaux qui roucoulaient...
plein de multiflores qui pétalaient qui pétalaient...
plein de bicornes qui bruminaient partout...
plein de libelles et de voléoptères
qui papillaient parmi les glycérines...

c'était beau... c'était le paradoxe !

Et au beau milieu de ce jardin, y avait un homme
qui vivait là. Tout seul, le pôvre.
Forcément il était pas heureux :

   Qu'est-ce que je fais là tout seul dans ce grand
   jardin? C'est pas normal. Je suis le premier, bon
   c'est entendu... mais c'est pas une raison pour
   être tout seul... D'autant plus que le premier
   il s'appelle le premier passque derrière y a un
   deuxième...
   et un troisième... et plein d'autres...
   qui lui marchent sur les jalons...
   Moi j'ai personne derrière... Personne...
   Personne devant non plus !
   Devant moi y a personne, personne à suivre...
   alors je suis personne ?...
   Waaaah !...

Ah ! non, il était pas heureux.

Or, un beau matin, il a été réveillé par une petite voix
qui venait de loin : — You hou ! C'est moi !

— Ouille kessekça ? C'est pas déjà le chant
du coquelicot ?

— Mais non, c'est moi, ici, en haut de la bucolline ! Si
t'attends encore une seconde, j'arrive...

— Tu parles que j'attends. Depuis le temps que je suis
tout seul, j'ai hâte d'avoir une seconde !

Et floc ! qui c'est qui lui tombe tout à coup
sur les bras ?
Une belle féminine... toute neuve ! Une belle
évanaissante.

— Tu vois comme je suis ? Sitôt descendue de la côte,
me voilà. Je saute sur le premier venu.

— Le premier venu, ouais... c'est gentil, encore !
Autrement dit n'importe qui...

— Esscuse, mais j'avais pas le choix, t'étais tout seul.
Je te lâche plus. Je serai ta première féminine, et toi
tu seras mon homniprésent...

Oh ! mais qu'est-ce que t'as aux yeux ?
T'as les yeux brouillés... plein de mélancollyre ?...
Mon pôvieux mon pôvieux... si jeune, et déjà
    tu déclines de l'œil, c'est grave !

Et comme c'était une belle qu'avait pas froid aux yeux
    vite, elle lui a offert une glace :

— Non mais regarde-toi...

— Je veux pas me regarder. Je sais que j'ai une tête
    à courte vue. D'ailleurs, chaque fois
    que je me regarde, je voudrais me voir ailleurs...

En entendant ça, tout de suite elle a compris
qu'elle avait affaire à un homme qui avait
    de la grambition,
qui voulait voir pluss loin, toujours pluss et pluss loin !
Et elle l'a aimé très énormément pluss, et s'a mise à
sercher quoi faire quoi faire... comment le satisfaire ?

Or, un beau jour... un de ces jours où la prairie était
verte mur à mur... et que le soleil prenait un bain
chimérique dans l'étang...
Le premier venu préambulait dans le paradoxe, en
croquant une pomme... et marche et marche...
quand tout à coup qu'est-ce qu'il entrevise devant lui ?
Un serpent. Et pas un petit serpiton de rien du tout...

Un gros un grand un serpendiculaire...
dressé devant lui !...
Ah ! bon, qu'il se dit, s'il est déjà tout dressé,
il doit pas être dangereux...

Le pôvre ! il savait pas qu'il avait affaire à
    un serpendicapé
un qui voyait pas plus loin que le bout de sa lancette,
un serpent à lunettes... d'approche pas commode !...

— Ah ah ! que se dit le serpent en lui voyant la
    pomme, ça doit être lui le pommier !

Et sans lui laisser le temps de se détendre,
il lui grimpigne sur le premier venu, qui osait pas
bouger, très complètement vitrifié d'horreur.

Heureusement, sa première femme, qu'était pas loin,
et qui avait du blair, s'approche et se met à flatter
le serpent :

— Tiens, un serpent... ça me rappelle une antidote...
    Ah... quel vermouilleux subreptile !
    Laissez-moi toucher du boa, il paraît que ça porte
    bonheur...

Et flatte et flatte... si bien que le grand versatile flatté
    d'être flatté, se met à s'amollir... s'amollir...

et elle, en le voyant tout mou, comme une vraie
    serpillière,
saute sur la pomme d'adam et la donne au serpent :

— Vous prendrez bien un ver ?

— C'est gentil, je dis pas non, mais d'habitude je bois
    que dans le mien.

Et elle, pendant que le serpent s'amuse à changer de
pot, elle, très vipéreuse, qu'est-ce qu'elle fait
    tu penses ?
Elle lui pique ses lunettes et les refile à l'homme :

— Prends ça, prends ça, c'est mieux que rien...
    Plus tard, quand tu seras nombreux,
    tu auras des contacts...

Alors l'homme à lunettes se mit à bramir de
    contentement :

— Youppi ! l'avenir est dans les yeux !
    Si tu voyais tout ce que j'entr'aperçois...
    Jamais j'aurai fini d'occulter le lointain !

Là-dessus la voix serpiteuse se mit à siffloter :

— Du calme, le premier venu. Que sert à l'homme
    de gagner du terrain ?
    Pourquoi courir, quand l'Univers est
    dans la pomme ?

— L'Univers dans la pomme ?
  Quessapeut vouloir dire ?

— Quand t'auras fait le tour de mon jardin,
  tu seras peut-être un peu plus vieux
  mais t'auras tout compris...

— Bon, je veux bien, mais un dernier petit tour.

Et il se mit à tourner avec ses lunettes, et sa première
  femme qui le suivait et qui répétouillait :

— Homme, mon surhomme, ne vois-tu rien venir ?

— Non, rien de rien... Mais c'est pas une raison pour
  moisir ici. T'es pas un peu tannée de tourner en
  rond... toujours à la même place ?...
  Si on sortait ?...
  Si on allait voir ailleurs si ça bouge ?...

— Alors quoi ? fulmina le serpide qu'avait tout ouï,
  on s'énervouille ? C'est la crise de la bougeotte ?

— Je m'ennouille dans ton jardin...

— Tu sais ce qui t'attend sitôt sorti d'ici ?
Finie une fois pour toutes la belle vue imprenable
t'auras fait la bévue la plus impardonnable !
Finies les vacances !
Fini de laisser clapoter tes loisifs au soleil !
Fini de faire le parasite terrestre !...
Sitôt passé la barrière du paradoxe,
tu devras brimer dur, travaller sans relaxe...
et déchiffrer la terre... la sillonner partout...
et quand tu te verras sous la terre souricière
en train de lui faire le creusot dans le noir...
Houille ! que tu seras minable !
Tu devras gagner ton pain à la lueur de ton front !...

— Quoi quoi quoi ? Pour qui sont ces sornettes
qui sifflent à nos oreilles ?
Écoute-moi bien serpent : J'en ai jusque-là !
J'en peux plus de tourner en rond, tout seul...
tout seul avec ma première femme...
Si je sors pas d'ici, jamais je pourrai dire :
«J'en ai vu d'autres !...»

— Bon parfait j'ai compris.
Je me fatigue plus les nœurones.
Tu veux sortir, vas-y, tant pis pour toi.

Si tu tiens plus à rien, même à garder ta place...

Si tu rêves de rouler ta bosse de sept lieues...
Et si tu veux venger tous les sentiers battus
en battant la campagne sur son propre terrain...

Si t'as placé tes sous dans une saltimbanque
au lieu de tout risquer en jouant à la roulotte...

Si t'en peux plus de voir les fourmis à tes genoux
si tu penses qu'à sortir de ta démangeaison...

Si t'as de pluss en pluss besoin de cheminer
passque ta résidence est devenue secondaire...

Et surtout surtout si tu sais prendre ton pied
et le mettre devant l'autre

Alors va ! Tu seras un hommade, mon fils !...

Là-dessus ils sont sortis en courant.
Ils entendaient même plus le serpent leur crier :

— Bon voyage quand même...
    Et tu peux garder mes lunettes !
    Mais attention c'est important : si tu veux
    voyager loin, ménage la monture !...

Sitôt passé la porte, ils avaient senti un drôle de
   courant d'air.

— Youppi ! enfin ça bouge...
   À nous les lendemains qui changent !

Et se sont mis à gambiller, et marche et marche...
tout enchantés en chantant :

— You hou... on est là... y a quelqu'un ?

Mais personne répondait, forcément, alors très vite
ils ont désenchanté... Pluss ils marchaient
pluss ça changeait, mais pluss ça changeait pire
   c'était...
Ils devaient s'enfoncer dans la frousse épaisse...
pleine de loustics... ils devaient graver des montagnes
très énormes, couvertes de blanches neiges
   sempiternelles...

C'était dur... de pluss en pluss froid...
et comme ils étaient pas habitouillés ils devaient
se couvrir comme ils pouvaient
ils rencontraient des bêtes qui leur laissaient leurs
   oripeaux c'était dur...

Puis un jour qu'ils étaient très complètement
transsibériens tous les deux, elle décida de rester
   couchée...

— Kesstufaislà ? c'est pas la manière de se réchauffer
    faut bouger... debout et que ça saute !

— Pas question. Je suis bien, je reste là.

— Je te comprends pas...

— J'attends la bise...

Et le premier venu, qu'était pas vite de comprenure
a réflexionné très fort en son faible intérieur
et fin finalement il a compris...

— Ouille que je suis bête ! Bien sûr elle attend
    la bise... Pourquoi j'y avais pas pensé ?

Et sans perdre une seconde, il se glisse à côté d'elle.
Et c'est là que pour la première fois, l'homme a senti
qu'il avait de la veine...
de se retrouver comme dans de beaux bras...
Et il restait sans bouger, il attendait la bise lui aussi...

Et quand la bise fut venue
comme il avait des idées sur l'avenir...
il ôta tranquillement ses lunettes...
et lui fit des jumelles !...

Elle en fut si tant tellement contente
qu'elle les porta plusieurs mois...

Et à partir de là, ils ont plus jamais arrêté.
Tous les soirs,
comme ils avaient rien d'autre à faire...
et comme ils avaient pas signé de contraception
ils pratiquaient la continuance...
Ils laissaient venir la bise...
et ils se décuplaient... ils se décuplaient...

Tant tellement qu'un jour il a senti
que ça poussait derrière lui...

— C'est sûrement mon passé qui me rappelle à lui.

Mais comme il avait le passé simple,
il se retourne, jette un œillet
et découvre plein de monde qui poussait
des gros, des grands qui poussaient...
même les petits poussaient aussi...

— Regarde derrière nous,
    y a tout un peuplier qui nous pousse...

— Mais c'est notre arbre qui nous fait des petits !

— Notre arbre ? quel arbre ?

— S'il nous donne des rameaux, et autant de
   racines...
   mais ce sera génial ! Notre arbre génialogique !...

— Moi je dis «Ça suffit !»
   Assez poussé n'importe comment...
   Avant d'être dépassé par les avènements
   j'impose le contrôle des essences...

— Pas question ! Vous tous qui nous suivez
   écoutez-moi, c'est votre vieille souche
   qui se rappelle à vous...
   Arborigènes de toutes les couleurs, unissez-vous !
   Soyez futaie... Ne vous laissez pas abattre
   par ceux qui crient : «Conifère ! conifère !»
   Y a du pin sur la plante...
   Allez-y... au bouleau !
   Vous nous avez vus prolifaire ?
   alors faites-en autant... et même davantage !...

Cueillez dès l'aubépine les choux-fleurs de la vie...
prenez-en de la graine
car il faudra semer, et les uns et les autres...

Ainsi vous pourrez dire à votre condescendance :
   «Si tu prétends rester à l'avant-garde-fou...
   Si tu sais ni lâcher ni perdre les pétales...
   S'il te suffit d'une fleur pour arroser les sots...
   Si tu sais être fort sans être pédoncule...
   Si tu peux tolérer tous tes ombellifrères...
   et si tu sais gagner le cœur d'une chlorofille
   un peu, beaucoup, et pluss...
   jusqu'à la follicule

   Alors va, tu seras un géranium, mon fils !...»

Les indigents

À partir de là, ça été la bougeotte pour de bon.
Tout le monde s'a mis à bouger.
Bien sûr, à force de bouger, y en a qui finissaient
par trouver un coin tranquille, alors ils disaient :

— Stop ! on va s'installationner pour un bout
   de temps.

Alors pour garder leurs chèvrefeuilles et leurs
   broutons
ils constructionnaient des murs,
et pour garder leurs enfants,
petit à petit, ils faisaient des enceintes...
Et ils travaillaient la prioriterre,
pour qu'elle devienne riche...
Mais les autres, les hommades, qui bougeaient
toujours, quand ils voyaient ça, ils s'énervouillaient :

— Ah ah... en voilà qui bougent pas...
   C'est sûrement des excédentaires !

Et ils déboulaient sur eux à toute vitesse, ils entraient
dans le pillage, ils fondaient sur les friandises,
ils fourraient tout dans leur grand saccage,
et ils partaient avec...

Forcément, les excédentaires devenaient vite excédés,
alors ils déménageaient, ils arrivaient chez d'autres,
ils piquaient tout ce qui traînait là, pour qu'ils
deviennent eux aussi des hommades...
Ah ! oui ça bougeait.
Sur toutes les routes, on voyait des convois...
ça convoitait partout...

Les uns étaient des barbus, les autres des
    apostrogoths,
des divisigoths... et surtout des claustrogoths
qui arrivaient pas à rester en place, et qui voulaient
avoir la peau du grand vampire romain...

Ah ! oui, ça bougeait !...

C'était le temps des grandes évasions.

Les rustiques sautaient sur les polonius...
les angulaires sonnaient les klaxons, et les klaxons
liquidaient les scotches...
puis c'étaient les épagneuls sur les croustillants,
et les croustillants sur les grands flandrins...
les finauds sur les suaves, et les suaves
sur les danubes...
les cretons sur les normaux...
et les acerbes sur les cloaques...

et c'était comme ça pendant des centenaires
et des centenaires...
Et attention, ça bougeait pas n'importe comment,
mais toujours dans le même sens,
ça bougeait toujours vers l'ouest.
C'est normal passque ceux qui étaient à l'est,
c'étaient eux les premiers levés, à cause du soleil...
et comme ils voulaient pas le perdre le soleil, quand
ils décampaient, ils le suivaient...
C'était la ruée vers l'ouest.

Et à force de se décamper comme ça, les uns
les autres, à force de pousser, y en a qui sont arrivés
au bord de la mer...
Et ceux-là ils ont pas eu le choix,
ils se sont jetés à l'eau...
Et ils s'accrochaient au premier petit bateau venu,
et ils se laissaient aller... vogue la galette !...
Ils se laissaient aller loin, de pluss en pluss loin...
et pluss ils allaient au large, pluss c'était dur...
Ils avaient tout l'océan à passer...
c'était la transe athlétique !...

Ils arrivaient pas tous, d'ailleurs...
Mais les premiers qui sont arrivés de l'autre côté,
ça a été les épagneuls, ils ont débarqué dans un pays
et ils l'ont appelé la chimérique...

La chimérique platine, passque le pays était riche,
très énormément riche... C'était pas encore comme
aujourd'hui l'anémique du sud...
En tout cas, les épagneuls, en voyant ça,
ils ont dit :

— C'est trop beau, on reste.

Et sans perdre une seconde, ils ont commencé
la plantation, ils plantaient, ils plantaient
leur drapeau
et leur épée un peu partout...

Et après les épagneuls, y en a eu d'autres qui se sont
jetés à l'eau... comme les angulaires, les frangins...

Les frangins ils ont quitté la frange et sont partis
en mer, mais comme ils voulaient pas faire comme
les épagneuls, ils ont dérivé vers un pays
pluss au nord... Ça a été long...
ça leur a pris un bon trois mâts...
C'était long surtout passque sur le bateau
y avait plein de monde, mais personne travaillait.
Derrière y avait le petit monnier, qui jouait
à la roulette...
Devant y avait... le grand gaillard d'avant,
toujours debout, le nez dans la dunette...
pour voir venir la terre...
Et les autres, ils passaient leur temps à échanger
de bord... tantôt à babine... tantôt à tribune...
et vice versant... Ils faisaient le pont !...
De temps en temps, ils donnaient un coup de
torchon... ils essuyaient... ils essuyaient les tempêtes...
les pires torsades, les syphons épouffroyables...
Et toujours ils avaient peur.
Surtout passqu'ils savaient pas où ils allaient...
ils voyaient que de l'eau, de l'eau jusqu'à l'érosion...

Le grand gaillard d'avant, lui il avait pas peur.
Il savait pas non plus où il allait, mais il faisait
    semblant...

Il leur disait :

— Faut pas avoir peur.
    Regardez-moi. Est-ce que j'ai peur moi ?
    Tout jeune déjà, quand je me suis engagé
    dans la marinade, quand j'étais seulement
    le petit mousseux en haillons...
    Déjà j'avais pas peur...
    Et ensuite pendant des années
    que j'ai fait du cabotinage le long des côtes,
    j'avais toujours pas peur...
    Et maintenant que je vous ai embarqués
    avec moi, dans cette expunition,
    vous voulez qu'on rebrousse voile ?
    vous voulez qu'on revienne grenouilles ?...

Et le soir, pour les calmer pluss,
il leur racontait toutes sortes d'histoires,
surtout des récifs de naufrages...
et comment il avait échappé
à l'anticyclope des açores...

Et le temps passait passait... tant tellement
qu'un jour, après avoir essuyé pendant
des semaines et des semaines,
tout à coup, paf ! elle était là devant eux...
Alors ils se sont mis à crier : «Terre ! Terre !»
et le gaillard d'avant a dit :

— C'est drôle, on dirait que ça fait
    une frange, comme chez nous...

110

Mes amis, voilà votre nouvelle frange !...
Nous allons débarquer... Mais attention !
Comme on sait pas quel écueil on nous réserve,
soyons prudents, et mettons les cadeaux à la
mer... Et ramez ramez vite, il faut arriver
avant que la terre ferme !...

Mais pendant ce temps-là, y avait des drôles
de bizarres qui faisaient le camping au bord de l'eau.
Ils fumaient voluteusement, calumètement,
drapés dans leur carapatience peu verbiale...
et ils les voyaient venir... avec leur œil carquois :

— Qui ça peut bien être ceux-là ?...
    En tout cas ils ont l'air contents d'arriver...

Et vite, ils se sont cachés derrière
les arbres, pour leur faire une surprise.
Et quand les frangins ont mis le pied marin
à terre, ils ont découvert le pays...
Et tout de suite ils ont fait une croix dessus,
pour se rappeler où c'était.
Puis ils ont crié :

— Sortez de derrière les arbres !
    Trop tard, on vous a vus... Vous êtes découverts !

Et comme ils sortaient pas, et que les autres
s'énervouillaient, y a un grand qui s'est avancé,
un grand avec une grande robscurantique :

111

— Doucement, c'est sûrement des indigents,
   il s'agit pas de les frictionner...
   Laissez-moi faire, et même si j'ai pas
   leur langue dans ma poche, je peux leur agresser
   quelques maux...
   J'ai toujours eu l'âme d'un visionnaire...

Et là-dessus, il a sorti un grand rouleau,
et il leur a servi le saumon sur la montagne :

— Mes bien chers indigents, c'est le pèrturbateur
   qui vous parle. Si nous avons condescendu
   sur votre atterritoire, c'est pour mieux le
   convertir...

— Stop ! Une seconde...(qu'a répondu le chef
   des indigents)... Esscusez-moi de vous couper
   la bonne parole... Mais on vous voye venir...
   Vous venez descendre nos rivières...
   et relever nos lacs...
   voler nos rase-marmottes...
   faucher nos prés colombiens...
   Et nous ? Vous avez pensé à nous, pôvres indigents ?
   Avec vos barrages...
   tous nos brochets d'avenir seront à l'eau...
   toutes nos réserves seront des truites ?...
   Et nos castors ? Pôvres castors...
   ils sauront plus quoi faire de leur peau ?...
   Nous on dit non ! Quand on vous voye arriver
   la manicoutarde nous monte au nez !

— Calmez-vous, chers indigents,
   on est pas là pour vous faire perdre le nord...
   On est là passqu'on veut votre bien...
   Pensez... depuis le temps que vous êtes
   laborigènes ici, vous avez besoin de vacances...
   Laissez-nous faire,
   et vous allez connaître les joies de la servilisation...
   Vous aurez même un jour la persécurité sociale...
   Et ce sera la fin de toutes vos tribunations
   inouites...

— Ah !... répondit le chef en souriant,
   c'est le plus beau massage que nous ayons reçu...
   Un si beau saumon mérite la plus belle chute...

Et laissant tomber son couvre-chef,
il se fouilla le porte-plume, et posa sa sinécure.

— ...Vous avez de la chance de tomber sur nous...
   continua le chef, vous auriez pu tomber sur
   des piroquois, des ecchymoses ou des
   fatalgonquins !
   Nous on serait plutôt des joyeux hurons...

— BIENVENUE.

Et le grand gaillard jubilationnait, tout content :

— Chers indigents, merci de votre corroboration...
   Et maintenant, la surprise du chef !
   Vous avez peut-être un passé...
   Mais nous avons des présents !...

Alors là ça a été la folie, tous les indigents
se sont mis à danser : Vive la transe ! Vive la transe !

Et les frangins ont sorti leurs présents :
des miroirs ! Plein de petits miroirs...
que les indigents regardaient, tout contents
d'être deux fois plus nombreux...
Et comme c'étaient pas des sauvages,
et comme les tribus ils connaissaient bien...
en échange, ils ont donné des fourrures...
ils ont rempli le bateau de fourrures.
Puis le bateau est reparti.
Mais la plupart des frangins sont restés,
ils en avaient jusque-là du bateau...
Alors les indigents ont pensé :
   «Ils sont là pour rester...
   C'est les premiers collants qu'on ait eus...»

Et les premiers collants se sont mis au bouleau,
et ils ont dit aux indigents :

— Vous travaillez pas ?

— Pas besoin de travaller, nous on a la pêche...
   D'ailleurs, avec tous nos lacs et nos rivières,
   une grève attend pas l'autre...

Mais les collants, eux, ils arrêtaient pas.
Ils plantaient leur culture, leurs maisons, la famille...
Tant tellement qu'un jour, les indigents
se sont posé la question :

— Dis donc, chef, ils commencent à être plusieurs...
    Ils prennent drôlement de la place...
    On les garde ou on les renvoie chez eux ?

Et le chef a jamais trouvé de réponse.
Il était bien embêté... Il se disait :

— Le coup des petits miroirs, c'était très joli...
    mais maintenant qu'on les a tous brisés,
    faut se préparer à quelques centenaires
    de malchance...

Et les collants, de leur côté, ils ruminaient :

— Elle nous a drôlement laissés tomber
    notre amère patrie...
    Et notre grand gaillard d'avant,
    qui nous a découvert ce fichu pays...
    avant de repartir, il aurait pu au moins
    penser à le recouvrir...
    depuis ce temps-là on gèle ici !...

Le géant*

Il était une voix...
(et chez nous comme ailleurs, une voix n'est pas
   coutume !)
Il était une voix un géant...

Avant d'être géant et encore tout petit
il avait déjà à la pouponnière l'œillet du poète...

Très vite il a trouvé sa voix
et tout le monde l'a connue et surtout retenue...
C'était une voix claire une voix d'air une voix d'eau
voie d'eau douce adagio allegro...
elle racontait les champs
grimpait les bucollines et sautait les bruisseaux...

Et lui, jour après jour collait son œil
son grand œil d'écurieux
aux carreaux de sa chemise
et contentait le monde...

Or un jour de grand vent
lui a soufflé sa plume !
Lui, pour la retrouver s'est mis à voyager
avec pour tout bagage sa compagne enchantée
très complètement d'accord...

Se sont mis à trotter trotter trotter partout
trotter au p'tit bonheur...
et trottent les souliers de semelles en semelles
par tous les temps de lieues en lieux...

pinçant la cordemuse
pince pince le cœur et repince monseigneur
monseigneur enchanteur...

et jaillissent les songes
et chante le géant
chante sur un radeau
chante pour passer l'étang
chante le château plein de fées diaphines
chante pour passer la nuit... Nuits Saint-Georges...
en ballon...
chante sur corde raide... chansonneur sansonnet...

Puis viennent les temps durs
tendus
tambours battant les cris des crapauds circonscrits
temps dus... tant tellement attendus
et jamais remboursés !...

Et le géant se fâche et le géant devient
grand ébranleur de cloches
grand sonneur de branle-bas
il tonne et barytonne... la luette en colère...

Assez !   Tripothéqueurs d'assurance-chaumière !
          Notables grignotaires !
          Proéminences grises !
          Bétonneurs besogneux !
          Fâcheux gâcheurs de plages !

Empêcheurs de pêcher !
Jaunes briseurs de grèves !
Miseurs sur la misère !

Assez ! Croque-vivants
et cracheurs de pitance pour assistés
soucieux !
Fini cueillir la manne des manipulapeurs !
Fini le ramasse-miettes !
Debout debout là-dedans ! et commence
la fête !...
Quand on vit à quat' pattes
on ose pas faire la fête...
quand on vit à quat' pattes on voit rien
que des pieds des pieds encore des pieds
des pieds toute la journée...
(et de la fête aux pieds y a une éternité...
puis à quat' pattes ou même à genoux
comment danser ?)

Non.
La fête c'est pas rester
planté comme un p'tit peuplier sans histoire
à se nourrir de miettes et de compote d'espoir...
C'est pas non plus d'attendre... majorette silencieuse
à regarder passer les joueurs de saxons
ceux qui fanfaronronnent passqu'ils ont la grosse
  caisse
et qu'ils peuvent se payer des chars catégoriques...

Non !
La fête c'est quand ça bouge
quand tout est à l'envers
quand la montagne est plaine plaine plaine à craquer
et quand les amoureux s'aiment comme des
tourtières...
Alors là c'est la fête !

On chasse le chien polisson
et on laisse boire le caribou
les corriveaux sortent de leur cage
les bois se mettent à l'ail
et le bûcheron se joue se joue de l'épinette
les poissons se dépêchent
les p'tits poissons chenaillent chenaillent...
les bigorneaux crevettent de rire
et les goélettes sont en haut
tout en haut du rocher... perchées...
Et le ragoût retrouve ses pattes
et la gourgane court à la soupe...
on se cretonne la tartine
on s'arrose de sirop vraiment considérable
on se pourlèche la farlouche
jusqu'à la ruine... la ruine-babines !...

Alors là c'est la fête !

*En souvenir
du formidable hommage
à Félix Leclerc
ce 11 septembre 1983
à Bourges

121

Et le géant de l'île passe le pont
et tout le monde veut le suivre
sur le pont de l'île
pour faire la ronde
danser carré
et gigoter la gigue du géant...
et devenir comme lui géants de l'air géants de l'eau
et géants du pays...

Mais c'est en le voyant que tout le monde comprend
en le voyant lassé
relacer ses souliers tant tellement fatigués
et foncer
tête de pioche
riant sous cap tourmente
dans la blanquette de neige
qu'on prend pas qu'on prend plus...
mais finalement comprend

   que pour être un géant
   suffit de se tenir
   debout grandeur nature
   et faire encore la bise la bise aux quatre
   vents...

Les embarrassants abris

Tout le monde rêve d'être à l'abri.
Tout le monde veut s'assurer d'être couvert...
C'est fou ! Personne est jamais à l'abri...
Tu te penses tranquille chez toi, mais y a toujours
les murmures mitoyens...
y a toujours un voisin
qui te promène sa concorde à linge devant le nez...
qui te tape jusqu'à minuit
sur les nerfs... et sur le plafonnier...

Et même si t'as ton petit coin à toi,
ta petite maison unifamélique, pareille à des
    centaines,
loin de la calamité urbaine...
y a encore un voisin qui se met tous les soirs
à fumer ses briquettes... à brûler ses boulettes...
qui te fait sentir ce soir
ce que t'aurais voulu manger demain !
qui le samedi matin t'empêche de dormir
et te coupe l'herbe sous le pied
avec sa grondeuse à toison...

Non. Pour avoir la paix faut rien avoir.
Pas de voisins, pas d'histoires,
pas de murs, pas de fenêtres...
et pas de fenêtres... pas de jalousies !

Rien avoir... être léger léger...
C'est en rêvant de ça que tu te réveilles
un beau matin au fond de ton village.
Tu te dis : «J'en peux plus de traîner de l'arrière-pays !»

Alors tu vends ta guitare,
tu grattes les fonds de terroirs
et tu quittes la raison paternelle, et tu pars...
mais tu pars pas tant tellement loin,
ton rêve c'est pas de partir au soleil
et te payer un mois d'extravagances
en califournaise ou en plorine...

Non, ton rêve c'est la ville.
T'as entendu des voix : «Arrive en ville... arrive en ville !»
et tu te retrouves au terminus tout le monde descend !
C'est elle... c'est la ville
qui t'entraîne dans sa grande bougeotte...
tu te laisses aller, tu étrennes la rue Sainte-Vitrine
tu suis la foule qui se défoule qui te refoule...
tu flottes dans l'urbain tourbillon...
c'est agréable... Mais ça peut pas durer.
Un beau matin ça y est, t'as beau tourner
et retourner tes poches, c'est toujours le même trou !
Waff ! c'est pas grave, y a qu'à faire comme les autres
et se mettre à travailler.
Et tu te mets à sercher, et c'est là que tu vois :
c'est pas si simple, t'es pas tout seul
les autres aussi ils serchent
et ils trouvent pas... et toi non plus...
y a rien à faire...

Pourtant tout ce que tu veux
c'est te faire une petite piastre au soleil !
T'es pas venu là pour rester oiseux à rien faire,
tu veux pas te faire traiter de vagabond à rien,
de comédien errant... de parfainéant !
Alors tu serches, tu traînes sur le frottoir,
tu transpires la ville d'un bout à l'autre,
et tu serches... et tu regardes les petites annonces :

«Vous êtes jeune ? Vous avez l'esprit
d'entrecrise ?...
... (Mais c'est moi ça !)... Venez nous voir...
... (Oui oui j'y vas !)... si vous avez cinq ans
d'esspérience. »

Ouille ! Toujours pareil, faut de l'esspérience !
Ils sont drôles avec leur esspérience.
Quand on est jeune tout ce qu'on a c'est l'espérance,
l'esspérience ça vient après...

Tiens, en voilà une qui demande pas d'esspérience :

«Êtes-vous prêt à faire du porte-à-porte ?
(Tu parles ! Je ferais même du mur à mur !)
... Devenez vendeur à domicile !...»
(Ça c'est pas mal, tu restes à la maison...
Ouille c'est pas pour moi, j'ai même pas de maison !)

Et tu serches encore, t'es prêt à faire n'importe quoi
Même la nuit. Travaller dans le noir, ça te fait pas
    peur,
ça fait partie de ton clandestin...

Tiens : «Gardien de nuit demandé...»
            (Ah ! non... gardien de nuit, c'est pas sérieux,
            la nuit a pas besoin d'être gardée... C'est bête !...)

Et tu te remets à marcher marcher...
tu marches et tu démarches...
et quand t'en as assez, tu t'écrases à une instable
tu regardes ceux qui mangent qui mangent...
pluss t'as faim, pluss ils mangent...
Et le patron s'amène :

— Alors, on a des soucis ? Moi aussi j'ai des soucis,
    mais moi mes soucissont nourrissants... Ha ! Ha !
    Ha !

qu'il te fait avec une grande claque dans le dos.
Une claque dans le dos quand on a faim, c'est
    agréable !...
Et il te lâche pas, le patron :

— Tu tombes bien; écoute : T'as faim,
    t'as pas un sou,
    et moi j'ai besoin d'un plongeur à la cuisine.
    Alors je te donne un petit sous-marin,
    et tout de suite après, tu plonges. D'accord ?

Tu dis oui, t'as pas le choix, tant tellement t'as faim.
Et quand tu te retrouves à la cuisine, tu comprends
    pourquoi
on appelle ça une brasserie... ça brasse là-dedans !...
Pas étonnant que tu sois terrassé quand tu sors de là...
D'autant pluss que tu te rends compte que tu t'es fait
    avoir.
Le patron t'a eu. Il t'a eu à l'œil !

Et tu marches encore, et tu serches...
tu serches un subterfuge pour dormir...
et la lune te suit, elle fait comme toi
elle change de quartier la lune
elle profite de la nuit...

Et tu serches... et si tu trouves rien, tu passes
et tu repasses ta nuit, dans un parc à fontaines...
et tu t'endors, sur un banc pudique
en rêvant d'une belle étoile
avec toi, dans un grand libido...

Et au matin tu te réveilles à l'aubépine,
tu t'arroses la fleur de l'âge...
et tu repars, et tu marches...
et encore le lendemain et encore et encore...

Bien sûr tu le sais, ça peut pas continouiller
    comme ça.
Faut savoir s'arrêter, fermer le robineux
avant de se paranoyer dans un vertigineux...
Tu sais qu'à force de traîner, tu seras entraîné
dans le trafic de pluss en pluss stupéfiant...
tu finiras comme tes souliers, usé
désabusé jusqu'à la corde...

Faut savoir s'arrêter, savoir
que pour s'en sortir, faut entrer quelque part.
Y a toujours un quelque part qui t'attend...
surtout quand t'as plus rien
même pas de quoi t'acheter du savon,
que t'as atteint le seuil de la propreté...
Y a toujours des amis, des amis dépanneurs
qui sentent la soupe chaude,
qui te payent une brosse... une brosse à dents
    bien sûr...

avec du gentifrice...
qui te passent un savon...
qui te trouvent un patron...
et qui te laissent aller...
Et quand tu sors de là, tu repars comme à neuf.

C'est mieux que partir à zéro !
Moi-même je m'a toujours entendu dire :
«Regarde, le pôvre très complètement fichu sans abri...»
Mais c'est pas vrai. J'a toujours eu mon manteau :

— Vermouilleux esstradinaire appartemanteau...
   beau cinq-pièces, avec porches intérieures...
   vestibule à carreaux... et revers de fortune...
   garanti impermouillable...
   fini à la main, avec du fil à retordre...

Je pourrais pas m'en passer, je le garde.
Même si c'est un déficient manteau...
Je vas le faire nommer monument hystérique...
Il est tellement mûr... je pourrais pas m'en passer...
Moi sans mur, je vivrais pas.
Faut des murs.
Si t'as pas de murs, qu'esstupeuxfaire ?
Si t'as pas de murs, où tu vas te taper la tête
passque t'as pas de sous ?

Faut des murs. Moi je donnerais n'importe quoi,
je payerais pour avoir des murs...

Mais j'ai pas de sous...
Je payerais même pour avoir des sous, tiens !

Ah !... si j'avais des sous ça traînerait pas.
Tout de suite je ferais faire des plans par un archimec.
Ils sont forts les archimecs, ils te dessinent ta maison,
puis ils te la mettent en pièces, ils font des divisions,
plein de divisions... ils multiplient les divisions !
Bien sûr pour eux c'est bon, ça fait grimper
    l'addition...
Ah ils sont forts.
Puis tu te dis : «C'est très joli, mais ça va coûter
    combien ?»
Et ton archimec te met la main sur l'épaule :

— Écoutez, j'ai pour vous la plus haute estimation.

Et t'es tant tellement flatté, tu veux même pas voir
    l'addition.

— Bravo, que dit ton archimec, vous êtes un bon
    pliant !
    Maintenant qu'on a trouvé un terrain
    d'entente, on peut commencer.

Et tout de suite, sur le terrain, il fait planter
   des piquets.
(On sait bien que ça sert à rien, ils pousseront jamais,
mais on les plante quand même. Et en pluss on leur
   attache
des cordes pour pas qu'ils tombent...)
Et puis on se met à creuser; doucement pour
   commencer,
on creuse pour la forme...
Et puis un beau matin, c'est prêt. Ton archimec
   s'amène
avec une fleur à la bétonnière :

— On coule !

Et c'est là que tu vois que t'es embarqué dans un drôle
de bateau... Et on coule, on coule en pleine forme...
Et tu regardes ça avec le plus grand bétonnement...
Puis, une fois que c'est fait, on le laisse tranquille
   le béton
pour qu'il s'endurcisse... il en a besoin le pôvre,
avec tout ce qu'il aura à supporter...

Ensuite c'est les charmentiers qui s'amènent,
avec leur nigaud et leur précaire, ils prennent
   des mesures,
pour les poteaux innombreux et toutes les
   colombines...
et la charmante commence à monter, c'est édifiant,
   ça monte...

bientôt c'est la salière, et ensuite les olives...
puis les chevreaux... qui montent jusqu'au mignon...
puis on couvre la tonsure avec un grand papier
    glouton...
puis des fardeaux, plein de fardeaux qu'on cloue
    partout...

Déjà, à l'intérieur, les menuisibles ont commencé,
avec leur scie radicale, ça marche ! ils donnent
    la crampe à l'escalier... ils s'acharnièrent...
ils chambranlent les portes... ils coincent les guenons
dans les mortelles... ils bourrent les murs avec la
    vilaine minérale...
ils guillotinent les fenêtres, grimpés sur leur
    échafaud...
ils exécutent leurs travaux !...

Puis c'est le mectricien qui s'amène, et c'est pas long
    tout le monde est au courant...
Il transperfore les murs... il les accable... il fait courir
    le circuit
à des centaines de grands-pères, avec leurs petits fils
    de cuivre... et pluss ça court, pluss il est
    survolté....
Pas un interrupteur qui l'arrête... ça chauffe ça
    chauffe...
il leur empile des kilos et des kilos d'ouate pour
    l'hiver...

Dehors le masseur façonne : il braque la brique contre
le mur, il vide son sac, il fait du licenciment,
il le sable, il l'arrose, il le mortifie...
il bloque la brique à grands coups de taloche...
il gratte le mortifié avec sa cruelle, il le rase,
    il le mouche...
et il finit par tout gâcher...

Puis c'est l'homme aux tuyaux : le trombier
qui arrive avec son abruti. Ces deux-là ils s'amusent,
ils se passent des tuyaux... et se les renvoient...
ils jouent du coude... ils remplissent les éperviers
    de cuisine
et chassent l'eau des buvettes...
ils se racontent des insanitaires... et ils rigolent...
et la tuyauterie...
et pluss la tuyauterie, pluss ils rigolent...
avec leur fossette sceptique !...

Fin finalement, il reste que la définition...
les poncifs qui sortent de la maison
des parquets et des parquets de poussière...
Puis c'est les emplâtres qui viennent tirer
    leurs joints...
et qui plafonnent qui plafonnent... qui roulent
    les murs...

Et quand c'est fini, très complètement fini, tu te dis :
    «C'est pas mal. Mais si on vendait ça
    on pourrait se payer un condominimum...
    tout en haut !»

Moi je dis : Attention ! Quand tu penses que t'as tout...
tout le réconfort... et des fenêtres paranoramiques...
un lave-aisselle...
une grande feignoire pour y flotter son luxe
    amélioré...
et la pisciculture en bas tous les matins...
Quand tu vis au dernier étalage, tu penses
que t'es au-dessus de tes affaires...
mais t'es surtout au-dessus des affaires des autres !...

Tout ça c'est du rêve...
Les archimégalos faut savoir les stopper !
On a bâti un moratoire sur la montagne, ça suffit.
Finis les palais incongrus !
Finie l'anarchitecture !
Finis les dévisagistes et leurs plates-bandes dessinées !
Faut-il attendre de gagner le gros lot vacant ?
Faut-il attendre que les vieux immeubles soient
    désinfectés ?
que tous les grands espaces soient terrassés ?
que l'opinion pudique se fâche et se mette à crier :
«Y a trop d'immeubles en érection» ?

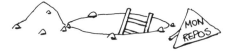

Et l'archipelle mécanique, hein ?
Qu'est-ce qu'on en fera ?

Tous les gens raisonnables vont se mettre à hurler :
Se faire une maison c'est bien, mais se faire une raison
c'est mieux.
La seulution c'est faire son trou.
Depuis le temps qu'on fait des trous...
y a qu'à continouiller...
C'est par les trous qu'on s'en sortira.
Faisons des trous, encore des trous...
Ayons pas peur des vilebrequins de la finance...
Jamais on aura assez de trous...

Et quand on aura fin finalement fini de farfouiller,
fini d'enfouir nos fichus déchets rétros et actifs,
y aura encore de la place... tout le monde aura
    son trou...
son abri anatomique...
On parlera plus des sans-abri...
Finis les embarrassants abris !

Et chacun pourra y descendre dans son trou
avec un son petit funicléaire...
ce sera bien...
ce sera l'abriculture de demain !...

136

Le costaunaute

Un jour, quand l'homme en a eu jusque-là
de voler autour de la Terre, il a réflexionné :
C'est bien beau d'avoir dépassé le murmure du son,
mais on tourne en rond, on révolutionne,
toujours avides... et on avance à rien...
Laissons-nous emporter par la force centrifuge !

Fini le siècle vicieux !
Finie l'ère du cerceau, il faut sagittaire une fois pour
    toutes !...

Et c'est là que l'homme a décidé de s'envoyer en l'air.
Surtout que c'est facile, n'importe qui peut devenir
costaunaute, c'est une question d'habitude...
S'agit de se laisser faire tout simplement,
se laisser entraîner...
Et puis faut aimer rigoler. Pas question d'être sérieux,
autrement tu seras jamais costaunaute.

Bien sûr, pour l'entraînement, tu commences
    par la base.
D'ailleurs dès que tu y arrives à la base, tu sens
que tu vas t'amuser, c'est écrit : «Cap Carnaval».

Et là y a des drôles de prototypes qui te lâchent pas.
Chaque matin, ils sont debout en train,
et ils te réveillonnent de bonne humeur.

Et ils t'entraînent, et toi tu te laisses entraîner...
Et doucement, sans t'en rendre compte, l'habitude
    arrive...
Alors vite tu l'endosses, l'habitude, tout fier,
passque c'est un drôle de beau costaud,
dessiné très spatialement pour toi...

Et tu te laisses encore entraîner,
on t'entraîne dans une bizarre de petite crapule...
tu y entres et tu restes là, assis, sans bouger,
tu sens que t'as l'air parfaitement comprimé...

et c'est là-dedans que tu t'entraînes à perdre du poids.
Et toi tu t'amuses... c'est amusant de perdre du poids.

Y en a, bien sûr, ça les amuse pas.
Ceux-là ils disent : «Je perds du poids et je m'aigris,
je m'aigris...» C'est évident que si ça t'aigrit, t'es sûr...
t'es très complètement sûr de jamais devenir
    un costaunaute !

Mais toi ça t'amuse passque tu t'en fais pas.
Avec ton costaud qui te protectionne, et surtout
ton efficasque sur la tête, tu crains pas la dépression...
Et pluss tu perds du poids, pluss ils rigolent, tout
    contents.
Ah oui, si y a une chose qu'ils peuvent pas supporter
c'est la gravité !...
Perdre du poids faut prendre ça à la légère.

Et pendant que tu perds du poids, ils continouillent
à t'entraîner, mais comme t'es assis dans la crapule,
elle est entraînée elle aussi...
ils te grimpignent toi et ta crapule, jusqu'en haut
d'une très énorme fusible... (c'est pareil à un
gigantexe cigare sauf que ça brûle plus vite,
et que ça fait un drôle de tabac quand on l'allume...
et quand y a des retombées, elles sont pas
économiques du tout...) ... et une fois en haut
de la grosse fusible, t'as perdu tant tellement de poids,
que tu sens plus rien... pas
le moindre petit pois de senteur...
et tu flottes dans ta crapule... léger léger... l'air de
rien... et c'est là que tout à coup t'entends une voix :

— Allô allô... ici le compte à rebours...
— Oui monsieur le compte ?
— On peut y aller ? Vous êtes prêt ?
— Tout près tout près... comptez sur moi !

et tu le laisses compter, toi tu comptes pas...
5... 4... 3... 2... 1... **ZÉRO** ! à moi l'infini !...
et ça y est, tu te sens poussé dans le dos

ça presse ça presse... tu sens ta chemise à feu...
le feu est aux poudres... aux poudres d'escampette !
et là c'est pas le moment de changer d'idée :

— Arrêtez tout ! j'y vas plus, je descends, j'ai la
    crampe de lancement !...

ah ! non c'est trop tard, d'autant pluss que tout
le monde est là pour te voir partir :
la presse la rétrovision... comme ils sont toujours,
à tous les lancements
c'est chronique...
et pas question de couper les promoteurs
les promoteurs sont drôlement allumés

Ça trépide, ça trépide...
ça chauffe et ça surchauffe...
ça presse les carburettes...
les invecteurs clapètent...
on entend les jappements
dans les entraves de la fusible, au trèsfond
    des boyaux...
ça gronde et ça turbide au niveau des cuillères...
ça surchauffe et ça brûle dans la protubulure...
ça gerbe et ça flamberge
et ça se propergol
ça profuse de partout
et la fusible pousse...
grandit... et se met à monter...

Et toi tu suis, t'as pas le choix.
Tu te laisses entraîner, tu montes, tu montes...
tu te défiles conducteur...
tu quittes le club terrestre...
tu grimpes et tu perfuses
à travers toutes les couches...

la platemosphère... où il se passe rien...
la vélocephère, que tu passes en vitesse...
et puis c'est l'atrocephère...

tu flottes, tu flottes dans le vide...
dans le silence-fiction...
et c'est pas long, tu te retrouves dans la Lune...

Et là tu jettes un œil en bas,
tu surplombes la Terre, comme le Soleil...

tu la vois tout entière,
dans toute sa forme, toute ronde et en couleurs...
c'est bleu... c'est blanc... c'est vert... c'est jaune...
elle s'arquebombe
et se gonfle l'utopique autour de capricorne...
c'est l'attraction terrestre...
un hispanorama esstradinaire...
en panamavision...
très complètement sphéerique !...

Et puis tu jettes un deuxième œil,
et tu te dis :

　　«Mais non, mais non...
　　ce n'est pas la bombance... plutôt la courbature...
　　elle a les pôles voûtés...
　　La pôvre, elle est fichue, courbattue, violacée !...

　　Comment peut-elle encore tourner ?
　　Elle est tellement débalancée...

　　Elle a de belles couleurs... mais chacune dans
　　son coin...

Toute l'eau douce du même bord...
et ailleurs, que du sable...
tout le blé dans un coin...
et en face, du granit...
à moi les forêts verduriantes...
à toi les marécages d'oiseaux...
ici, des montagnes de vivres...
et là des vallées de larmes...
ici ceux qu'ont les moyens...
et là ceux qu'ont la faim...

La pôvre ! elle est tellement tellement déboussolée...
elle est en train de mal tourner...

Galilée Galilée... quoi faire pour l'aider ?

Ah ! faudrait peut-être l'accélérer ?...
Si elle tournait plus vite, tout serait mélangé...
et les incontinents seraient tous confondus...
les goûts et les couleurs seraient sur le même pied...
Ah, ce serait le rêve !...»

Ah ! oui... mais rien qu'un rêve...

passque t'as beau tourner autour d'elle
comme un arbitre
t'es bien trop loin pour tout changer...

alors tu baisses les bras, tu fermes les yeux...
et tu reviens au plus vite terre à terre !

Et tout le monde est là, venu pour te cueillir :

— Alors raconte...

— D'en haut j'ai vu la Terre... Vous pouvez pas
    savoir... elle est pluss terrifiante, beaucoup pluss
    qu'on le pense...

— Mais la Terre on s'en fout, on la connaît par cœur.
    C'est la Lune qu'on sait pas...
    comment c'est-y qu'elle est ?...

— La Lune, ah ! oui, la Lune...
    c'est triste à dire, la pôvre est drôlement
    poussiéreuse...
    On la comprend de pas montrer
    sa grande surface cachée...

On marche dans la poussière, de la poussière
jusqu'aux genoux...
Même ses plus beaux quartiers sont couverts
de poussière !

— Comment de la poussière ?
Mais y a personne là-haut, pour salir...
c'est le vide !...

— Le vide, ouais... parlons-en !
Mais il est plein, le vide ! Plein de salopretés...
plein de jeunes débris... surtout des saletéllites...
qui circonpollutionnent toujours autour de nous...
Mais c'est la bibelosphère... plutôt le vide-ordures !...
Et y a très horriblement pire,
que je peux vous dire dans l'oreille :
Y a même des taches sur le Soleil !...

Alors quand ils entendent ça, les ingénieux...
(les ingénieux de la nasale, qui ont toujours eu
du nez)
ils se creusent pas longtemps la tête chercheuse :

— Si l'espace est pas propre, faut faire le grand
ménage, ça presse, c'est détergent !

Et sans perdre une seconde, ils lancent une lavette...
une lavette spéciale... et elle monte et elle va et vient
la lavette... avec son bras, qui fait des pieuvres,
et elle récurationne tout ce qui traîne...

elle ponce dans le vide, à toute vitesse,
elle ponce abrasif raccourci,
sur toute la vaisselle spécieuse,
sur des antennes et des antennes de soucoupes
    volages...

et elle arrête pas, va et vient, la lavette...
monte et remonte... Les ingénieux jubilationnent :

— Et ça fait rien que commencer : On aura bientôt
    tout là-haut un énorme lavaboratoire...
    avec plein de lavettes...
    on bassinera l'espace tant qu'il sera pas vraiment
    propre à rien...
    tant qu'il restera plus que des planètes !...

Ouille... pôvres ingénieux ! s'ils se mettent à frotter
les planètes, ils en ont pour un bout de temps...
il paraît qu'elles sont tellement vieilles !
C'est les savants gastronomes qui le disent.
Ça fait des illustres et des illustres
qu'ils les scrutinent avec leurs dînettes...
ils en font tout un plat...

Ils disent que c'est des vieilles amoureuses du Soleil,
des amoureuses plutôt plutoniques,
elles lui taciturnent autour, de loin,
depuis des anneaux-lumière...
Ah oui, elles sont pas jeunes, ils les appellent
ineptune... surranus... jubilaire... et même vétuste !...

Moi je trouve qu'ils exagérationnent.
Bien sûr, je les connais pas bien, elles sont trop loin.
Mais pour celle qu'ils traitent de vétuste,
je suis pas d'accord. Celle-là, je suis sûr
que c'est une chaude amoureuse...
Passque je la vois celle-là,
je la regarde tous les soirs...
(C'est la seule, d'ailleurs, qu'on peut voir à l'œil,
    nue...)

Et elle frôle le Soleil, elle se roule sur elle-même...
c'est une vraie sangsuelle...
toujours collée à lui...
elle se laisse embraser...
elle sexorbite autour de lui...
elle lui fait son numérotique...

— Sunlight, oh ! mon sunlight...
    je tourne je tourne pour être plus brillantine...

— Vas-y vas-y... tourne tourne...
et sans être une étoile, tu deviendras ma star...
tourne tourne... et tu danseras la festivalse...
et ce sera la viennale des Vénus !...

Et le Soleil est ravi...
Il s'y connaît en la matière, il en connaît
tout un rayon...
Il est pas né de la dernière pluie, le Soleil !...

En tout cas c'est sûr, l'homme avec sa bougeotte,
il en aura jamais assez...
Un jour, demain peut-être, plein d'allégorie,
il prend la route du Soleil...
(et là, le pôvre, s'il s'attaque aux taches sur le Soleil
il a pas fini... il va vite s'apercevoir que c'est
des taches de rousseur...)

Et il pousse encore plus loin,
il pousse les lavettes à fond.
Fini de laisser filer les étoiles...
faut balayer partout les étoiles d'araignée...
asticoter les globuleuses
de plus en plus loin...
au fond de toutes les malaxies...
jusque dans l'ozone interdite...

Et c'est là, c'est là, la rencontre avec le troisième
type de malheurs : les horriblifiques profusions
des plus grands désastrologues...
L'extravaguerre des étoiles...
Des armées d'extraterribles contre des bandes
d'ammoniaques parfaitement méthanisées...
téléguidées par leurs galvanomaîtres
à bord de leurs vassaux de l'espace...
et qui se percutionnent avec des objets violents
aux noms inqualifiables...
des noms à particules alpheuses et bêtasses...

Et de consternation en consternation, ça empire :
les obnubileuses révolutionnent spiralement...
et se stellescopent, et s'éclabouillent
en des pyriades de prométhéores
qui se consument sur place...
C'est l'hécatombustion !...

Les ultras, de plus en plus violents,
et les infras qui voient toujours rouge
se dardent sur les pleutrons, qui essaient d'échapper,
dans la plus grande confusion mollusculaire,
à la finale fissure des hématomes...

Puis c'est la fin... l'énorme tremblement de sphère
c'est la cosmagonie...
les dernières circonvulsions...
le dernier choc de la quatrième dissension !...

Et quand il reste plus rien...
rien que de vieilles carcasstéroides
couvertes de orions...
et qui flottent... très complètement déléthériorées...

alors c'est là qu'on l'entend qui arrive...
qui fonce à toute vitesse...
et qui claque... qui claque le clafoutis...
qui claque la mort aux dents...
qui claque les quatre sabots de la totale éclipse...
comme un catafalque fou qui dévale en cavalant...
c'est elle ! l'épouvanteuse époque à éclipse !...
implacide et sulfurieuse...
qui précipice le monde
et le cataracte... et le catapostrophe...
dans le béant troublant trou blême...
dans l'opaque nécécité de la moite marmite...
où il suffoque...
fin finalement fichu...
fichu... échu...
échu... échec...
échec.................. et mouate !

149

et après ? après après ?...
oh !... après...
après... quand le mutant sera venu...
on comprendra peut-être la renativité...
et si c'est vrai que tout est renatif
alors on aura un homme tout neuf...
ce sera l'homme de l'espace...
le Spéciman !

et il sera bien dans l'espace, le Spéciman...
il sera attiré par un beau grand champ magnifique...
il pourra pas résister...
(on résiste pas à un champ magnifique !)
surtout que ce sera un beau grand jardin...
très luxurieux...
avec un serpent aussi, bien sûr...
un boa transistor...
qui lui tendra une pomme :

— Prends cette pomme, Spéciman, et n'oublie
    jamais... c'est toujours dans sa pomme qu'on
    trouve son univers... son univers à soi...
    prends... et surtout prends-en soin
    c'est une pomme sans pépin !...

— Quoi ? une pomme sans pépin ?
    mais c'est trop beau pour être vrai...
    c'est le paradoxe qui recommence...
    Oh ! mais c'est une pomme de terre...
    une pomme de terre ! terre ! terre !...

La belle affaire !

Être riche, c'est pas facile.
D'abord, les sous, ça t'arrive pas comme ça...
comme un cheval sur la soupe !
Pour avoir du bien, faut se donner du mal...

Avant d'être riche, c'est facile
tu comptes pas, personne veut te voir,
t'es sur la voie d'évitement...
Mais aussitôt que t'es parvenu à être riche
c'est plus pareil.
Du jour au lendemain, sans crier gare
tu deviens une locomotive !
Alors tu changes de train de vie.
Mais c'est pas mieux, c'est pire:
à cause de tes sous, t'arrives plus à dormir.
Alors tu fais comme ton argent...
il dort pas, ton argent, il fait des sommes...
et toi tu fais comme lui, des sommes et des sommes,
tu deviens une bête de sommes !
Ah, c'est dur...

Tu peux rien faire comme tout le monde.
Tout le monde fait ses courses, mais toi, non
t'es riche! Tu peux pas te permettre ça...
Tu dis: Waff! c'est pas grave, j'achète un cheval.

Bon. Mais avec ton cheval, t'es pas pluss avancé,
t'es toujours pas dans la course... tu restes assis avec
     la foule, dans les gredins,

et ton cheval, tu le regardes courir...
il a pas besoin de toi pour courir
avec toutes les pouliches qu'il a sur les talons !

C'est pareil avec ton bateau.
Tu te paies un grand, un très énorme bateau,
trente-deux mètres d'équipage, et tout et tout...
Tu dis: «Je pars, je vais faire une croisette.»
Tu parles! Tout ce que t'arrives à croiser
c'est les bras! Tu touches à rien...
C'est même pas toi qui mets les voiles... !

Le matin, quand tu vois tous les autres sauter
dans leur petite contraction avant, vroom vrooom !
et foncer dans le trafic de plus en plus stupéfiant,
toi tu peux pas, t'es riche !

Tu peux même pas marcher tout bêtement, comme
        tout
le monde... Tu peux pas, t'as plein de gens qui
t'arrêtent, pour t'avoir dans leur manche !

Non, quand t'es riche, t'as pas le choix,
tu te laisses faire. Et c'est comme ça que
chaque matin, ta voiture s'amène toute seule...
Une belle grande autosatisfaction, qui s'allonge
devant toi... Et encore là tu fais rien,
t'as pas besoin d'y toucher, ça s'ouvre tout seul
aussitôt que ton chauffeur soulève sa cassette:
«Bonjour, monsieur... Monsieur a bien dormi ?»
Et t'as qu'à voir son petit sourire autosuffisant
pour comprendre que ta voiture,
c'est pas vraiment à toi qu'elle appartient !
Et tu te laisses rouler... le nez dans ton journal,
et comme t'es un homme d'actions, tu regardes que
les titres... Et attention !

Être un homme d'actions, c'est pas simple...
ça entraîne des obligations !
Par exemple, tous les jours, tu dois suivre des cours.
Chaque matin, ton chauffeur te dépose à la Bourse.
Tu fais ta petite visite à la cocotte de la Bourse:
Elle est drôlement bien logée, la cocotte:
C'est riche, c'est grand, la Bourse, et c'est haut,
avec des colonnes et des colonnes de chiffres...
surmontées de gros capitaux...
Et elle se tient dans une riche corbeille,
la cocotte, au milieu d'un riche parquet...
Et c'est là qu'elle donne ses cours.
Autour d'elle, y a plein de petits porteurs
qui viennent apprendre à devenir gros...
Mais ses cours, c'est surtout pour les riches.
Quand t'en vois un qui est très énormément riche
tu peux être sûr qu'il a pas raté un cours
depuis des années et des années... !

Et ils sont pas faciles à suivre, ses cours,
elle arrête pas de bouger, la cocotte,
elle monte et elle descend à toute vitesse...
et en pluss, elle a des agents autour d'elle,
qui s'amusent à changer ses cours !
Ah, c'est dur...
Mais toi, tu t'en fais pas, t'es habitouillé
tu viens là tous les jours, tu te laisses pas avoir.
T'es un nanti... mais surtout un nanti sceptique.
Tu restes calme, tu gardes l'œil sur la cocotte...
Tu attends... tu attends le moment où tu pourras
enfin te débarrasser de toutes tes obligations...
Tu laisses chauffer la cocotte, et ça chauffe,
ça chauffe, ça monte, ça monte...
et les agents s'énergumènent...
et juste avant que la cocotte déborde,
tu passes à l'action. T'appelles un agent:

«Faites savoir à la cocotte que je vends !»
Et aussitôt que t'as vendu, paf! c'est magique,
ça dégringouline à toute vitesse... et la cocotte
se refroidit et se remet à mijoter doucement...

Et toi, maintenant que t'as vendu, t'es soulagé,
t'as plus d'obligations...
Mais au moment de partir t'as un drôle de choc !
Qui c'est qui te tombe sur les bras?
Tes petits! que t'avais placés ici, y a longtemps...
Ils ont tant tellement grandi, tu les reconnais pas,
ils sont devenus tes grands bénéfils !

Alors, pour être sûr, tu les touches...
ah oui, tu touches tes bénéfils !
Et quand tu sors de la Bourse avec eux,
tu gagnes la sortie, par-dessus le marché !

Et là, c'est pire que jamais
tu te retrouves encore pluss riche !
T'as plein d'amis nouveaux qui veulent pas
te laisser tout seul, qui te forcent à sortir...
Alors chaque soir, t'as pas le choix,
t'endosses ton meilleur ami, et tu sors...
et tu te retrouves dans un cinq assiettes...
avec un verre de contact...
et tu t'enfiles des petites gourmandises,
sur canapés... Tous les soirs, c'est dur !

Rester tranquille, chez toi, tu peux pas.
Ta résidence est devenue drôlement secondaire !
Tu peux même pas recevoir, non plus.
Ton vieux château serait pas convenable...
Caché à l'autre bout de la frange profonde
moitié en pierres... moitié ancestral...
avec ses vieux plafonds candélabrés

depuis des lustres...
avec, partout sur les murs, des antiques iniquités...
des atrophiés de chasse...
de très anciennes pâtisseries qui pendouillent...

Sans parler de ta cave,
remplie de vieilles bouteilles
pas présentables, couvertes de poussière...
Non, tu peux pas.
Tu voudrais recevoir, qu'est-ce que tu ferais ?
Tu lancerais des invitations ?
Un monde fou te tomberait dessus !
T'aurais l'air fin...
Ce serait l'embouteillage au château !

Ah, non, tu peux pas recevoir...
Alors tu te laisses faire, tu te laisses recevoir.
Tous les soirs tu dînes avec la classe digérante,
là où y a toujours un grand maigre d'hôtel
qui vient dire: «Madame est servie...»
Tu parles, c'est gentil pour les autres !
On sent qu'il a un petit faible pour madame...
Et si tu veux être sûr que t'es dans le grand monde,
tu jettes un œil sur la table:
Si le gratin est par sur la table, mais autour...
t'es dans le grand monde !

Et alors là, quand le gratin passe à table,
Faut les voir se jeter là-dessus...
Ça commence toujours par un plateau de
       coquinages...
puis on sert un léger tripotage à la julienne...
et ensuite aux autres...
ensuite c'est le filet d'aigrefin...
puis des escarpes de veau à la ratatouille !
Ensuite, avec l'embrouillabaisse, tout le monde

prend un drôle de bouillon... et pourtant
personne se rosbiffe... tout le monde déguste !
Puis on sert les pigeons... en escroquettes...
puis le dindon, fricoté à la sauce financière...
Ensuite on te régale de confits d'intérêts
arrosés de beaux contrats juteux...
Et toi, à force de grand crus, t'es cuit...
tu te laisses aller, tu t'entremets jusque-là
entre la poire et la belle Hélène...
Et par-dessus tout ça, on t'offre encore
des truandises! Alors tu résistes pas,
et tu te sucres... tu te sucres !
Et quand tu sors de là, t'en peux plus...
mais tu sais que demain faudra recommencer,
et que tu pourras pas dire non, passque maintenant
tu fais vraiment partie de la haute satiété !

Tu flottes, tu flottes...
mais c'est pas long, le courant t'emporte...
et tu plonges !
tu fais des vagues
tu mouilles ta famille
tu inondes le marché...
tout le monde prend la tasse...
tout le monde patauge... et toi tu dérives,
les fonds te manquent
tu plonges encore plus creux
tu touches les fonds...
puis tu remontes, et tu surnages...
mais c'est trop tard, c'est la cascade
c'est la chute
ça éclabousse, ça éclabousse !
et ça coule, ça coule !
et quand ça coule, t'as pas le choix
tu fuis, tu fuis de partout
et tu laisses les autres éponger !

Et toi, pôvre toi, tu te retrouves au soleil
les deux pieds dans une paire de scandales...
très complètement à sec !

La paix !

Il paraît qu'un jour, la paix nous est arrivée,
ici, sur la Terre.
Ç'a pas dû faire beaucoup de bruit...
On l'a pas vue venir... peut-être on était distraits...
C'est quand même drôle, ça t'arrive pas comme ça...
La paix, ça te tombe pas du ciel, même si t'as
la meilleure bonne volonté du monde !
D'ailleurs, la volonté... la volonté, c'est pas tout.
T'en connais beaucoup des volontaires
qui ont connu la paix ?

Avant, c'était commode, on pensait pas à la paix,
on avait la confiance tranquille...
Mais maintenant qu'on sait qu'elle est là,
quelque part autour, c'est plus pareil...
Bien sûr, on s'est habitouillés à elle.
Elle fait tant tellement pas de bruit...
on arrive même à l'oublier.
Et puis, on peut pas dire qu'elle nous a dérangés.
Elle se mêle de ses affaires.
Elle nous a pas empêchés d'avancer.
Depuis le début du commencement, c'est fou
comme on a jamais arrêté de proagresser !
On a réussi la pluss esstradinaire servilisation !

Heureusement pour nous. Passqu'on aime réussir.
On aime tous les jeux, mais surtout les réussites.

Tiens, un qu'on a drôlement bien réussi,
c'est le jeu du fichier.
On a constructionné un très énorme fichier,
et depuis toujours on s'amuse à le remplir...
Faut voir comme on se fiche là-dedans !

On se fiche de tout !
On se fiche des uns... et ensuite des autres...
les statues quo sur leurs grands pieds détestables,
on se les fiche par terre !
les idiots carbures... on se les fiche à l'eau !
on se fiche des acerbes, qui se fichent des cloaques !
on s'en fiche qu'ils se fichent en l'air !
Ah oui, on s'amuse... qu'est-ce qu'on s'en fiche !

Bien sûr, rien n'est parfait.
Y a une chose qu'on a pas encore réussi
à mettre dans le fichier... c'est la paix.
Et pourtant, tous les jours on entend partout:
«La paix! La paix! Qu'on nous fiche la paix
une fois pour toutes !»
Mais on a jamais réussi à ficher la paix.
Peut-être on ose pas...
Faut dire que ficher la paix, c'est pas si simple.
Tu rencontres quelqu'un, tu lui fiches la paix,
et ça y est: le lendemain, toute sa famille l'attrape !
Si tout le monde fichait la paix à tout le monde...
on serait fichus, c'est sûr.

Ouille non, c'est bête... je dis n'importe quoi...
La paix, c'est pas vraiment une maladie,
ça s'attrape pas...
D'ailleurs, pour l'attraper, faudrait déjà la trouver...
et on l'a jamais trouvée.
Elle a sûrement des gardiens, la paix...
Ah... si on l'a jamais trouvée...

C'est peut-être qu'elle est toute petite...
elle doit pas tenir beaucoup de place !
Mais alors la paix...
ça serait le contraire de l'armée...

L'armée, elle, peut arriver à tenir une grande place
pendant des jours et des jours...
mais la paix, non... si elle est toute petite
elle pourrait même pas faire de mal à une
      escarmouche !

Non, la paix, on pourrait pas l'attraper.
Et même si on arrivait à l'attraper
on saurait pas quoi faire avec...
En tout cas, on pourrait pas jouer avec elle,
on a pas les même goûts.
Il paraît qu'elle peut pas supporter le bruit.
Elle aime que les cloches.
Et nous, les cloches, qu'est-ce qu'on s'en fiche...
c'est les battants qu'on aime !
On aime quand ça trompette de partout !
On aime quand ça pétille !
Quand on crie : feu ! on veut que ça crépite !

Si on se met en quatre pour mieux s'éclater
c'est qu'on est drôlement dynamites !
Mais elle? Avec nous, elle jouerait les éteignoirs.
Elle voudrait qu'on se contente de tourner en rond,
comme des ânes en plaines ?
Faudrait qu'on change le jeu pour lui faire plaisir ?
Faudrait qu'on se mette à fondre les canons
pour en faire des cloches ?
Ça serait pas résonnable.
Moi, des fois, je pense qu'on a peur d'elle.
On a peur de la paix, passqu'on la connaît pas !
Passqu'on l'a jamais vue...

C'est ça le pire, personne l'a jamais vue !
T'ouvres le journal, on parle que d'elle...
et pourtant y a jamais une seule photo de la paix.

T'écoutes la rétrovision, c'est pareil...
on en parle, on en parle, mais on la voit jamais !
Tu te rends compte?
Même la rétrovision,
LE PLUSS GRAND DES DOMINATEURS
        COMMUNS...
même la rétrovision a jamais réussi
à nous faire voir la paix !

Des fois... on pense qu'on l'entr'aperçoit...
qui se repose... étendue... sur la trêve...
mais ça dure pas, ça disparaît vite, vrrroum !
et on se dit: «Ah bon... c'était encore un Mirage !»
Non, on l'a jamais vue.

Et puis, on l'a jamais entendue, non plus.
On sait même pas si elle parle...
D'ailleurs, c'est bien connu:
la paix, ça ne dit rien à personne !

Ah oui, elle se cache drôlement bien, la paix...
Peut-être passqu'elle veut pas qu'on la dérange...
Peut-être qu'elle a pas besoin de nous du tout...
Peut-être même qu'elle se fiche de nous, la paix...
Ouille alors là... alors là! Ce serait trop drôle !
Depuis le temps qu'on se casse la tête pour la
        trouver,
si la paix se fiche de nous...
y a vraiment de quoi mourir de rire !!!.........

Noir ! suivi de l'indicible Big Bang !!!
et Sol se retrouve assis par terre, à côté
de sa poubelle éclatée, les yeux au ciel:

... Reste à savoir si Lui aurait encore le goût de tout
   recommencer...???

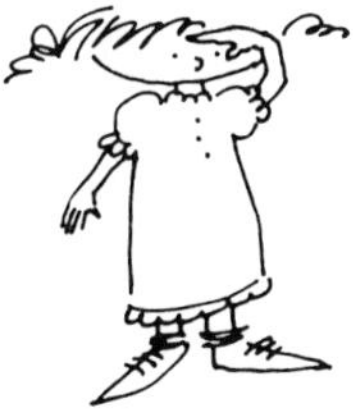

Oyez, foules bronzées...
Oyez la plainte inouïe
la plainte du lettré,
captif et empêtré,
parce qu'il a dit oui...

«Qui dira la douleur
du malheureux auteur
assis face à la mer
roseau pensant bien faire ?

Quand, vermoulu d'avoir du matin à la nuit
tant contemplé ces flots plus argentés que lui,
de la marée trop belle arrachant son regard,
ulcéré, morfondu, fébrilement hagard,
plunitif que jamais, maudissant sa langueur
en un soupir profond de procrastinateur,
feignant jour après jour...
de toujours être à jour...

Oh plaignez ! moi, forçat, je remonte à ma tour
illustre prisonnier du non-sens de l'humour
de cet affreux geôlier
qu'est le comte à rebours !»

Marc Favreau
Métis-sur-Mer, juillet 1992

Auguste qui ne comprend rien, mais qui répète tout de travers, philosophe de la rue, roi du lapsus, poète de l'absurde toujours floué par quelqu'un quelque part. Pôvre, pôvre petit lui [...]

Derrière Sol, il y a Marc Favreau, en autant que l'un soit dissociable de l'autre. Car le comédien parle de son personnage fétiche comme de la meilleure partie de lui-même, l'enfant qui reste en lui, ce «moi» éternellement étonné, *alter ego* universel. «En chacun de nous, à un moment de sa vie, existe un tout-petit qui souffre, un perdant, une chose manipulée», dira-t-il. Le spectateur ne s'y trompe pas, lui qui se reconnaît dans le miroir de Sol. «S'il devenait futé, mon Sol, ce serait catastrophique. Car on peut tout faire dire à un personnage aussi enfantin qui répète de travers sans comprendre. La drôlerie naît de sa naïveté.» [...]

Le monologuiste n'a pas le nez plongé dans des dictionnaires, il n'essaie pas non plus de forcer la torsion verbale, de défaire les sons. Mais derrière chaque mot qu'il entend, son réflexe est de découvrir l'image cachée. «Des fois, ça se passe en changeant juste une syllabe. Les États-Unis, pays si riche, deviennent les États-Munis, un ministre, un sinistre, le député à la chambre législative, un dépité à la Chambre paraplégislative. Tout ça déboule. La drôlerie naît de l'accumulation. Ce langage éclaté se doit d'être surnourri.»

Odile Tremblay, *Le Devoir*,
19 septembre 1992

Il écorche les syllabes, déboîte et emboîte les mots, les broie, les torture, les malaxe, les convulse et les contorsionne avec un appétit vorace, un talent à la démesure des poètes, une tendresse comme seuls les clowns savent offrir.

Nathalie Grégoire, *Le Quotidien de Paris*,
11 avril 1991

Tendre virtuose, le clown québécois émeut tout en désossant le langage quotidien. Ainsi rejoint-il les plus grands: Haller, Devos! [...]
Sol se faufile entre les interstices de la langue, amuse et émeut aux dépens du langage troué. Heureusement, pas de gratuité dans cette manœuvre de désossement: à la faveur des mots qui glissent, grâce à sa langue qui fourche, le saltimbanque construit un édifice de sons et de sens nouveau mais homogène. Comme l'assembleuse de *patchwork* qui juxtapose, en une œuvre bigarrée mais unifiée, les lambeaux les plus disparates...

Stéphane Bonvin, *Journal de Genève*,
8 novembre 1990

Sol ne parle pas «pour parler». Il dit le désarroi du paumé de base aux prises avec la multitude, l'origine des espèces, l'inquiétude face aux espaces infinis, la peur de la maladie, la rivière-égout et la mer-poubelle, la tendresse aussi. Tout cela avec un lyrisme rugueux, dans la cocasserie des mots qui dansent devant un public constamment secoué par le rire. Jamais distributeur de messages, Sol préfère exorciser par l'humour: La situation est désespérée, mais pas sérieuse.

Jacques Richard, *Le Figaro*,
avril 1991

Une révolution de langue plutôt que de palais qui permet à son créateur Marc Favreau de «dessiner avec les mots». La pollution, la médecine, la justice, la carrière sont revues et écorchées dans *Faut d'la fuite dans les idées!*

«Enfant qui a perduré», Sol représente notre côté le plus vulnérable. «C'est le petit en chacun de nous, note Marc Favreau. On est tous très démunis devant toutes sortes de choses sur lesquelles on n'a pas de prise du tout: les taxes qui nous pleuvent dessus, la machine bureaucratique...»

Et pour ce poète de l'humour surréaliste, nous sommes tous des anciens enfants (et non des adultes) «terriblement naïfs». Qui se contentent souvent des histoires sur leur importance dans le monde. «Le côté ridicule de la vie vient de cette contradiction: on est petit, on le sait, mais on s'en défend, on veut être grand, avoir le pouvoir. Alors on se donne des allures et on le croit. C'est le comble de la naïveté; on croit qu'on est quelqu'un et qu'on va changer beaucoup de choses. On n'a pas changé depuis Cro-Magnon!» Pour lui, «on est tous des comiques, sans le savoir».

Marie Labrecque, *Voir*,
17 septembre 1992

OUVRAGES DE MARC FAVREAU

«Rien détonnant avec Sol!»
Illustrations de Marie-Claude Favreau, Les éditions
internationales Alain Stanké, 176 pages, Montréal,
1978.

Les œufs limpides
Illustrations de Marie-Claude Favreau, Les éditions
internationales Alain Stanké, 152 pages, Montréal,
1979.

«Je m'égalomane à moi-même...!»
Illustrations de Marie-Claude Favreau, Les éditions
internationales Alain Stanké, 160 pages, Montréal,
1982; collection Québec 10/10, illustrations de
Marie-Claude Favreau, 180 pages, Montréal, 1986.

L'univers est dans la pomme
Illustrations de Marie-Claude Favreau, Les éditions
internationales Alain Stanké, 208 pages, Montréal,
1987.

Faut d'la fuite dans les idées!
Illustrations de Marie-Claude Favreau,
Les éditions internationales Alain Stanké,
collection Québec 10/10, 160 pages, Montréal, 1993;
collection Le Petit Format du Québec, 176 pages,
Montréal 1996

Le moule de la poule c'est l'œuf!
Illustrations de Marie-Claude Favreau,
Les éditions internationales Alain Stanké,
collection Grands Auteurs • Petits Lecteurs,
29 pages, cassette et fiche «compagnon de lecture»,
Montréal, 1993.

Presque tout Sol
Illustrations de Marie-Claude Favreau,
Les éditions internationales Alain Stanké,
464 pages, Montréal, 1995.

TABLE DES MATIÈRES

Achevé d'imprimer au Canada
en avril deux mille cinq
sur les presses de Quebecor World Lebonfon
Val-d'Or (Québec)